政府购买学前教育服务的机制创新研究

凤炜 ————— 著

RESEARCH ON MECHANISM INNOVATION IN GOVERNMENT PURCHASE OF PRESCHOOL EDUCATION SERVICES

南京师范大学出版社
NANJING NORMAL UNIVERSITY PRESS

图书在版编目(CIP)数据

政府购买学前教育服务的机制创新研究 / 凤炜著.
— 南京：南京师范大学出版社，2017.9
ISBN 978-7-5651-3432-6

Ⅰ.①政… Ⅱ.①凤… Ⅲ.①学前教育－教育改革－研究－中国 Ⅳ.①G619.21

中国版本图书馆CIP数据核字(2017)第157595号

书　名	政府购买学前教育服务的机制创新研究
作　者	凤　炜
责任编辑	吴曼丽
出版发行	南京师范大学出版社
地　址	江苏省南京市玄武区后宰门西村9号（邮编:210016）
电　话	（025）83598919（总编办）　83598412（营销部）
	83598297（邮购部）
网　址	http://www.njnup.com
电子信箱	nspzbb@163.com
照　排	南京凯建图文制作有限公司
印　刷	启东市人民印刷有限公司
开　本	890毫米×1240毫米　1/32
印　张	5.5′
字　数	113千
版　次	2017年9月第1版　2017年9月第1次印刷
书　号	ISBN 978-7-5651-3432-6
定　价	18.00元
出版人	彭志斌

南京师大版图书若有印装问题请与销售商调换
版权所有　侵犯必究

序

2003年至2007年初,我曾经在浦东新区社会发展局工作了近四年。凤炜园长是我新区教育工作的老同事。至今,我还记得当时把她从新区六一幼儿园园长岗位选拔到社会发展局教育处,从事学前教育管理工作的情景。

当时,浦东新区作为上海的一个大区,人口占了约上海全市的四分之一。浦东又是上海改革开放的先行区和排头兵,面对社会事业快速发展的强烈需求和艰巨任务,按照政府工作的一般策略,沿袭日常行政的一套节奏,按部就班地谋求发展,显然已经无法适应新区的实际情况,无法解决新区社会事业的供需矛盾,也无法让新区的老百姓满意,必须从体制和机制的创新和突破中寻求出路。

为此,浦东新区锐意进取,大胆作为,努力按照政府公共服务的理论,创造性地设计了教育的基本公共服务体系,其中包括重新定位政府在教育公共服务中的职责和作用,并且设计了政府教育公共服务实现的各种方式。特别是设计和探索了政府与社会机构合作,共同提供教育服务的新机制。这就是通过委托管理、购买服务等多种方式引导社会资源进入教育的公共服务领域,从而既体现了政府公共服务的职责,又充分调动了社会资源用于教育事业发展的积极性,扩大了教育资源的供给总量和供给能力;既提高了政府管理的效率,又起到了培育资源供给的社会性主体的实际效果。

浦东乃至上海是把学前教育作为政府向老百姓提供教育公共服务来加以设计的,同时,公共服务的提供方式也是多样化的。有直接提供的,比如由政府举办公办幼儿园;也有委托提供的,所谓委托提供,就是政府用财力去购买社会力量的学前教育服务,通过购买服务或者政府提供的园舍委托其他的机构来举办幼儿园,多种方式共同来实现学前公共服务的普惠性、均等化和可及性,并不是所有的办园事务都由政府来具体承担。浦东就是这样来体现政府责任,实现学前教育快速发展的。

浦东的实践表明:通过发展非营利性的、专业性的社会机构,来承接政府转移的具体事务,对政府的职能转变、对公共资源效率的提高,都是有价值的。当然,这样做的关键在于制度和政策整体性设计,并在实践中使之形成机制。对政府而言,制度、政策资源比有形的物质更具有价值和效应。

这些关键问题在凤炜园长的著作中都有精彩而详尽的论述,无论是宏观政策的研究者还是公共管理的实施者都可以从中得到启示。

在浦东新区的这项改革中,凤炜园长参与了新区学前教育公共服务体系建设的全过程。她既参与了研究、设计和决策,也直接经历了具体操作的各个实践环节。她是参与者,也是亲历者和见证人。因此,她的《政府购买学前教育服务的机制创新研究》,从宏观到微观,从理论创新与借鉴到制度构想与安排,从政策设计与实施到机制运行与调节,或有深入的探讨和阐述,或有详尽的交代和介绍,既讲所以也讲所以然,具有思想性和实践性兼备的特点。从中我们可以感悟到,她的基层幼儿园教学与管理经验和区县政府教育行政部门工作经验的长期积累,可以感受到她作为实践工作者果断利索而又细致妥贴的处事风格,然而,特别能够体会到的是她敢于闯入宏观管理领域,结合实际工作深入进行理性思考和研究的勇气,十分难能可贵!

尹后庆

2017年10月4日

(本文作者:原任上海市教委副主任,现任国家督学、中国教育学会副会长、上海市教育学会会长)

前 言

2004年7月,我被调到上海市浦东新区教育局工作。当时,作为国家综合配套改革试验区的浦东新区,其教育局出台了一系列改革举措,"政府购买服务"是其中的一项重要内容。我作为教育局的一名幼教干部,亲身经历了这场改革。其间,我还有幸参加了中国学前教育研究会管理专业委员会的"普惠性民办幼儿园政策研究"项目,了解到全国各地在扩大普惠性学前教育资源过程中就"政府购买服务"政策所做出的积极探索。2009年及2013年,我曾两次去美国 High Scope 交流学习。借此机会,我专题采访了该研究所政策研究人员,深入了解美国密歇根州政府购买服务的情况,并实地参访了相关幼儿园,进一步了解到美国在政府购买服务方面的具体做法及政策成效等情况。这一切,使我对"政府购买服务"有了更为深入的看法,时值研究生毕业论文选题,我便在导师柯佑祥教授指导下开题撰写本书。

时过三年,我的研究成果得以出版。出版前夕,我又一次审视了三年前的毕业论文,并结合这两年参加"国家学前教育试验区"调研的情况,对当初的论文进行了修改完善,成为大家面前的这本小书。

在撰写本书过程中，我阅读了大量文献资料，对中国部分地区政府购买学前教育服务政策内容及实施情况进行了深入调研。本书以美国密歇根州以及中国香港、上海浦东新区等地为案例，通过理论研究和实证分析，试图从中发现问题、分析问题、解决问题，进而总结经验和揭示规律，为政府购买学前教育服务提供可借鉴的经验，为适龄儿童提供规范、优质、可选择的学前教育服务。

本书主要内容分为六章。第一章阐述本书研究问题的缘起、研究价值、研究方法等。第二章介绍政府购买学前教育服务的理论基础。随着政治体制改革不断深入，"小政府，大社会"成为政治变革的一项重要内容和目标，政府机构兼并、政府人员削减；与此同时，随着经济社会的发展，民众对教育公共服务的要求不断提高，范围不断拓展，在这样一种矛盾状态下，"政府购买学前教育服务"的理论进入人们的视野，并被付诸实践。这部分重点解读了政府购买学前教育服务的必要性、可行性，政府购买学前教育服务的内涵，政府购买学前教育服务的运作机制和绩效评估。第三章以美国密歇根州以及中国香港、上海浦东新区、深圳和绍兴等地为案例，剖析了这些地区政府购买学前教育服务的模式、运作机制、绩效监控，通过"解剖麻雀"的方式，分析、总结这些地区的经验及其启示。第四章对政府购买学前教育服务的影响因素和成因进行分析，认为影响政府购买学前教育服务的因素不仅有政府部门、社会组织等买卖主体，有市场机制、契约精神等交易环境，而且还有公办资源、相关政策等市场外因素，提出如果学前教育市场发育不健全、价格核算机制不建全、契约精神缺失,那么政府所购买的学前教育服务质量将难以得到保障,如果政府只是一味地向民办幼儿园购买服务而忽视对整个市场的规范化建设,那么就有可能导致民办幼儿园一家独大,政府在可控资源不足的情况下不得不被民办园老板所胁持、所绑架,届时,将出现大量的民办幼儿园保教费价格难以调控、普惠性学前教育资源比例失衡的隐患。第五章在总结、梳理的基础上,提出政府购买学前教育服务的改革路径,认为应通过公办幼儿园与民办幼儿园协同发展来合理布局学前教育格局,通过建立价格核算机制、培育契约精神来健全学前教育市场,通过发动全社会力量共同参与来架构各尽其责的学前教育公共治理结构。第六章结语。

笔者通过对大量文献资料的阅读研究、对中国部分地区政府购买学前教育服务实施情况的调研发现,在我国,政府购买学前教育服务尚处于起步阶段,相关经验有待整理,相关政策尚不完善,需要更多研究人员和实践工作者的关注和探索。

目 录

序 ... 001

前 言 ... 001

第一章 绪 论 ... 001
一、问题的由来及提出 ... 001
二、研究意义和价值 ... 007
三、文献综述 ... 008
四、概念界定 ... 017
五、研究方法 ... 021

第二章 政府购买学前教育服务的理论基础 ... 023
一、政府购买学前教育服务的必要性与可行性 ... 023
二、政府购买学前教育服务的内涵解读 ... 030
三、政府购买学前教育服务的运作机制和绩效评估 ... 032

第三章 政府购买学前教育服务的境内外考察与比较 ... 044
一、美国关于政府购买学前教育服务的实践及其启示 ... 044
二、中国香港关于政府购买学前教育服务的实践及其启示 ... 049

三、中国内地关于政府购买学前教育服务的实践及其启示　054

　　四、政府购买学前教育服务的比较分析　070

第四章　政府购买学前教育服务的影响因素与成因分析　074

　　一、买家是关键　075

　　二、卖家是基础　076

　　三、价格是砝码　080

　　四、市场是染缸　086

　　五、交易市场之外的影响因素　094

　　六、成因分析　099

第五章　政府购买学前教育服务的改革路径　102

　　一、健全学前教育服务体系　102

　　二、完善政府购买学前教育服务程序　107

　　三、建立促进学前教育市场健康发展的机制　112

第六章　结　语　119

参考文献　127

附录一　上海浦东新区委托管理幼儿园的评估指标及问卷　132

附录二　上海浦东新区民办幼儿园"地段生"政策执行情况的评估指标、访谈提纲及问卷　153

后　记　162

第一章 绪 论

1995年,《中华人民共和国教育法》把学前教育纳入学校教育制度;1996年,《幼儿园工作规程》进一步明确:学前教育"是基础教育的有机组成部分,是学校教育制度的基础阶段"。作为在"各级教育中公共性最强、社会受益面最广的一种准公共产品"[①],学前教育成为不少国家和地区由政府向社会提供的公共服务之一。

一、问题的由来及提出

2003年,国务院颁布《关于幼儿教育改革与发展指导意见的通知》,其中"以社会力量兴办幼儿园为主体"的指导意见对中国学前教育产生了重大影响,各地政府纷纷大力推进民办学前教育,对学前教育的财政投入大幅缩减,公办幼儿园数量锐减,并由此导致公办、民办幼儿园比例严重失衡,普惠性学前教育资源供不应求,"入园难""入园贵"的矛盾突显。

2010年6月10日,《北京日报》刊发的一则《为让重孙入幼儿

---

① 蔡迎旗.幼儿教育财政投入与政策[M].北京:教育科学出版社,2007.

园,北京老太排队8天8夜》的报道将入园矛盾推到顶峰,并引起中央高层的关注。2010年11月,《国务院关于当前发展学前教育的若干意见》(国发〔2010〕41号)颁布,它重申学前教育是"重要的社会公益事业",是"国民教育体系的重要组成部分",并明确提出"坚持公益性和普惠性"的学前教育发展要求,要求各地方政府"努力构建覆盖城乡、布局合理的学前教育公共服务体系"。自此,各级政府对学前教育的重视程度明显升级,对学前教育的财政投入大幅增加,学前教育喜获发展良机。

但此时的中国学前教育已经困难重重、矛盾突出,具体表现如下。

第一,学前教育资源供不应求。随着社会经济的发展,适龄儿童入园需求逐年上升,普惠性幼儿园数量严重不足,学前教育资源供求矛盾突出。在中国,公办幼儿园是提供普惠性学前教育公共服务的主力军。据资料显示,2010年,全国公办幼儿园占比不足40%。[1] 与此同时,入园需求却在不断攀升:周期性人口出生高峰使适龄儿童的人数大幅增加,"单独""双独"政策使计划内出生人口进一步增加,同时,随着社会经济发展、教育观念更新,入园率逐年上升,一系列因素不断推升着学前教育的需求总量。数据显示,到2010年,中国学前教育规模达2 976.6万人,比2005年增加797.6万人,增长36.6%;学前三年毛入园率达56.6%,比2005年大幅提高了

---

[1] 中国教育年鉴编辑部.中国教育年鉴2005[M].北京:人民教育出版社,2006.

15.2个百分点;①在上海等发达城市,学前三年入园率已达99.99%。②面对学前教育需求总量快速、大幅增长的现实,财政投入乏力,价格适中、质量合格的幼儿园数量严重不足,各地入园矛盾频发。

第二,学前教育整体质量令人担忧。较长时间内,学前教育处于政府疏于管理、行业自发生长的业态中,学前教育质量基本沉入低谷,具体表现在以下几个方面。其一,缺乏准入门槛。从教育部到各地教育行政部门,缺乏一整套关于幼儿园的准入标准和实施细则的明确规定,对幼儿园的园舍条件、设施设备、保教人员等或缺乏明确标准,或对标准执行情况缺乏监管。其二,缺乏审批规范。许多地区未设置较为规范的幼儿园审批程序,审批程序不公开,举办者不知道设立幼儿园是否需要审批,如何进行审批,需要怎样的条件。这些问题不仅普通百姓不明了,就连教育行政部门的官员也不清楚。在一次教育行政人员的研讨会上,居然还有人提出"要不要对民办幼儿园进行审批"的问题。其三,对幼儿园管理不力。城市里,公办幼儿园承办民办分园,拿着财政工资的在编人员在公、民办幼儿园中随意混合使用,来自财政的拨款及公、民办幼儿园的保教费收入在同一个账户上列支,同一个人兼任公办和民办两种不同性质幼儿园的园长和法人;在农村,幼儿园多依附于小学,设立附属班,更有大量办学条件简陋、人员素质层次不齐、保教质量低下的无

---

① 中国教育年鉴编辑部.中国教育年鉴2010[M].北京:人民教育出版社,2011.
② 上海市教委基教处.上海市学前教育三年行动计划(2011—2013年)起草说明[Z].内部资料,2011.

证办学点不断蔓延。由于投入不足,教师工资得不到保障,大量学前教育专业的毕业生流失,大量无证"教师"取而代之。由于保教人员缺乏专业素质,保教质量得不到保障,学前教育"小学化""学科化"倾向严重,个别地区相继曝出"教师扇幼儿耳光""教师压在幼儿身上叠罗汉""教师微博上晒其拎幼儿双耳的照片"等极端事例。

第三,学前教育公共服务体系脆弱不堪,具体表现为"资源短缺""投入不足""师资薄弱"等问题。学前教育资源捉襟见肘,政府可调配的、可提供普惠性服务的学前教育资源更是严重不足,大量适龄儿童不得不选择到价格昂贵、质量难以判定的民办幼儿园就读,各地区"入园难""入园贵"的矛盾突显。"北京九旬老太为使重孙入园而排队8天8夜"的事例正是这一矛盾的真实写照。

对此,国务院不仅把"解决入园矛盾""满足入园需求"列为当前从中央到地方需要共同着力解决的重要问题,同时还提出一系列切实可行的措施,其中,通过"政府购买服务"来"引导和支持民办幼儿园提供普惠性服务"尤为引人瞩目。"政府购买服务"也被首次引入中央关于发展学前教育的重要文件,并引发理论探讨与实践探索。

问题一:学前教育服务能否纳入政府购买服务的范围?

在我国,很长一段时间内,幼儿园的主要任务是解放妇女劳动力,即便到20世纪末,幼儿园依然是承担着"双重任务"。1996年颁布的《幼儿园工作规程》就对幼儿园工作任务做出这样的规定:一是根据保教结合的原则,对适龄儿童实施体、智、德、美全面和谐发展的教育;二是为适龄儿童家长参加工作提供便利,解决其后顾之忧。

幼儿园特殊的职能,使其作用和地位备受质疑。幼儿园教育或学前教育是否属于真正的教育?幼儿园应由教育行政部门主管还是由民政部门或妇联主管?学前教育始终不能像其他学段的教育那样得到社会和政府的高度关注和重视。

接踵而来的问题是,学前教育到底是不是公共产品?该不该纳入公共服务范畴?应不应由政府承担供应的职责?对此,学术界多有争论,政府部门更是莫衷一是。2006年,深圳市将辖区内仅有的22所公办事业性编制的幼儿园全部改制为国有企业,通过转制,办学经费由原先的政府财政拨款转变为由国有企业投资和社会投资相结合,幼儿园承办者须通过收缴学费、经营校产及争取赞助来自筹办学经费。在现实条件下,无论是经营校产还是争取赞助,其收入都微乎其微,转制后,财政投入大幅缩水,幼儿园的学费收入成为唯一最可靠、最主要的经费来源。为求生存,提高学费成为幼儿园的必然选择。深圳市的这一举措,引起幼教界的普遍关注和强烈反应,全国几十名幼教专家联名上书国务院,要求深圳市收回成命,承担政府职责。信件几经周折,终于送达,但最终还是不了了之。由于不能明晰政府之于学前教育的职责,也就不能明确财政投入学前教育的正当性,学前教育能否纳入政府购买服务的范畴成为一个备受争议的问题。深圳事件真实反映出因学前教育定位不明而导致政府职责不清的现实。

2010年,我国出台了《国务院关于当前发展学前教育的若干意见》,明确了学前教育的"公益性"和"普惠性",强调提供普惠性学前教育服务是各级政府的应尽职责。在这样的大背景下,学前教育服务是否可以顺理成章地纳入政府购买服务的范围?

问题二:哪些属于政府可购买的学前教育服务?

《中华人民共和国义务教育法》规定,6周岁儿童应当接受义务教育,个别条件不足的地区可以延长至7周岁。由此可以推断,0~6岁属于学龄前阶段。如果学前教育服务可以纳入政府购买服务的范围,那么哪个年龄段可以纳入其中,是0~6岁,还是3~6岁,或者仅仅是学前一年?哪些内容可以纳入其中,是直接针对适龄儿童的保教服务,还是与学前教育相关的其他服务均可纳入政府购买的范围?

问题三:政府如何购买学前教育服务?

长期实行的计划经济,使中国政府已经习惯于利用财政经费自己办幼儿园。在计划经济条件下,政府对学前教育的财政投入不外乎以下四种模式:一是由政府部门和事业单位主办的幼儿园,人事部门给予其人员编制,规定其供给标准,财政部门根据单位数量和相关标准给予拨款;二是企业主办的幼儿园,企业利用福利经费给予所属幼儿园补贴,国家通过"税费让利"的形式给予企业支持;三是街道主办的幼儿园,由各地民政部门根据财政情况给予一定的补贴;四是农村幼儿园,多由村委会以集体名义主办,村集体视经济情况给予人员、设施或资金支持,不纳入财政投资体系。[①] 不难发现,

---

① 曾晓东.幼儿教育的财政投入体制改革亟需理性设计[J].幼儿教育,2006(10).

在计划经济条件下,政府按政府机关和事业单位、企业、街道集体、农村集体四种体制,以体制内员工"福利"的形式,通过成本分担,架构起学前教育公共服务体系,财政根据不同体制,通过不同渠道,给予不同形式和比例的投入。

在市场经济条件下,如何利用财政经费去购买学前教育服务?向谁购买?如何定价?如何进行风险控制?这一切,对中国各级政府而言,都是一个崭新的课题,是一个巨大的挑战。

二、研究意义和价值

中国目前正处于经济社会全面转型的变革时期,随着改革的进一步深入,政府职能逐渐转变,"小政府,大社会"的治理结构将逐步形成和完善。在这样一个特殊时期,讨论和研究政府购买学前教育服务具有重要的应用和理论价值。

首先,这一问题的研究将有利于改变和丰富政府供应学前教育的形式,为提高学前教育资源配置效率、促进学前教育公平、提升学前教育质量提供参考。我国学前教育实行地方政府分级管理的体制,财政投入学前教育的经费由地方负责和划拨,由于各地区社会经济文化背景不同,学前教育水平和发展速度都存在较大差距。以政府购买服务的形式将市场机制引入学前教育,将有利于各地学前教育资源流动,有利于学前教育经验和人才的共享,对促进学前教育公平、推进全国各地学前教育均衡发展、提升学前教育质量具有重要价值。

其次,这一问题的研究将有助于调动社会力量共同参与学前教育供应,为进一步扩大学前教育资源、补充政府提供学前教育服务的不足、构建政府部门和社会组织和谐互动体系提供参考。由于长期实行计划经济,民众习惯于在政府指导下学习、工作和生活,公民意识单薄,参与社会公共事务的主动性、积极性不足。政府购买学前教育服务的举措,将用经济杠杆撬动起公民参与学前教育公共服务的热情,为弥补政府供应学前教育服务的不足和建构政府与公民共同参与、和谐互动体系提供参考。

再次,这一问题的研究,将有利于扩大学前教育财政研究的范围,有利于深化学前教育财政研究和政策研究的内容,有利于丰富学前教育财政理论。目前,财政对学前教育的投入不足主要表现在:一是金额少,二是形式单一,三是效率不高。梳理和总结政府购买学前教育服务的理论和实践,将有助于扩大和深化学前教育财政研究的范围和内容,丰富学前教育政策,为推进我国学前教育发展提供参考。

三、文献综述

随着脑科学的发展,学龄前儿童身心发展规律被进一步揭示,学前教育因此而为越来越多的人所重视,并被视为基础教育的奠基工程。许多国家和地区把学前教育纳入公共事业,并予以财政投入。为提高学前教育的效率和质量,一些国家和地区开创性地利用财政资金向社会组织购买学前教育服务,并取得了良好成效。

(一)关于学前教育服务

所谓学前教育,是指根据0～6岁儿童身心发展规律,对其进行启蒙教育和保育服务的活动。学前教育以游戏为基本活动形式,①以保教结合为基本原则,通过创设与教育相适应的环境,为儿童提供活动和表现能力的机会与条件,对儿童实施体、智、德、美全面发展的教育。②

准确定位学前教育的性质是推进学前教育发展的关键。刘焱认为,明确学前教育性质是落实政府责任和保障经费来源的前提。③刘占兰认为,学前教育是一项社会公共事业,具有"福利性"和"公益性"。④ 事实证明,学前教育为儿童终身学习和发展奠定了良好的基础,学前教育通过给予弱势儿童教育补偿使教育公平和社会公平得到较好实现,学前教育通过解放妇女劳动力而推进男女平等,学前教育通过提高人口素质而实现社会经济发展,⑤学前教育效益的强正外部性与高回报性使其公益性得到凸显。⑥ 自19世纪中叶起,各国政府陆续将学前教育纳入社会公益事业,我国政府也将学前教育列入"重要的社会公益事业"。⑦ 在我国,随着计划生育政策的普及以及人民生活水平的提高,儿童早期教育逐步被世人接受并日益受到重视,大批"科班"毕业生进入幼儿园任职,学前教育的"福利性"

---

① 《上海市学前教育课程指南(试行)》(上海市教育委员会,2004)。
② 《幼儿园教育指导纲要(试行)》(教育部,2001)。
③ 刘焱.对我国学前教育几个基本问题的探讨——兼谈我国学前教育未来发展思路[J].教育发展研究,2009(8).
④ 刘占兰.学前教育必须保持教育性和公益性[J].教育研究,2009(5).
⑤ 刘占兰.学前教育必须保持教育性和公益性[J].教育研究,2009(5).
⑥ 庞丽娟,韩小雨.中国学前教育立法:思考与进程[J].北京师范大学学报(社会科学版),2010(5).
⑦ 《关于当前发展学前教育的若干意见》(国发〔2010〕41号)。

正在逐步被弱化,"教育性"不断得到重视。① 随着幼儿园教育功能的不断凸显,学前教育被纳入学校教育制度,学前教育行业被归口到教育部门管理。

随着我国经济改革的深入,学前教育发展过程中的问题逐渐显现出来,并对学前教育发展形成不利影响,具体表现为:由于政府对学前教育的重视不够、投入不足,学前教育公益性逐步弱化。② 洪秀敏、庞丽娟认为,由于缺乏相应的行政管理、经费投入、规范办园等制度,导致各地学前教育公共服务体系不健全,管理力量薄弱、基本经费得不到保障、办学质量整体下降。③ 王海英认为,学前教育在地区间存在巨大差异,具体表现为幼儿园的保教质量存在差异,教师专业素质和收入水平存在差异,财政投入和政府重视程度存在差异,学前教育事业发展水平存在差异。④ 为此,众多学前教育工作者及社会人士呼吁尽快进行学前教育立法。洪秀敏、庞丽娟指出,应通过立法加强政府对学前教育的职责,强化学前教育的公共性,推进学前教育公平、均衡发展。⑤

(二)关于学前教育财政

所谓学前教育财政,是指国家对学前教育资源(主要是学前教育公共资源)的分配活动及其所体现的特定分配关系。⑥ 学前教育

---

① 刘焱.对我国学前教育几个基本问题的探讨——兼谈我国学前教育未来发展思路[J].教育发展研究,2009(8).
② 刘占兰.学前教育必须保持教育性和公益性[J].教育研究,2009(5).
③ 洪秀敏,庞丽娟.学前教育事业发展的制度保障与政府责任[J].学前教育研究,2009(1).
④ 王海英.学前教育不公平的社会表现、产生机制及其解决的可能途径[J].学前教育研究,2011(8).
⑤ 庞丽娟,韩小雨.中国学前教育立法:思考与进程[J].北京师范大学学报(社会科学版),2010(5).
⑥ 蔡迎旗.幼儿教育财政投入与政策[M].北京:教育科学出版社,2007.

的公共性和公益性,为财政经费投入学前教育提供了依据和理由;欧美等发达国家为学前教育财政提供了可借鉴的范例,他们不仅对学前教育投入了大量财政资金,而且还制定了法律法规予以保障。

经济合作与发展组织(OECD)研究表明,要保障适龄儿童受教育机会的公平性及学前教育质量的稳定性,政府必须保证坚实、稳健的财政投入。[①] 我国的学前教育财政总体呈现投入少、起伏大、地区间差异悬殊的特点。国家统计局数据显示,2008年,预算内学前教育总支出仅占预算内教育支出总量的1.29%,学前教育财政投入的严重不足,已经影响到学前教育事业的健康、有序发展。[②] 庞丽娟、范明丽认为,我国现行的分税制财政体制一定程度上影响了学前教育的财政投入。目前,我国的财政体制仅规范了中央与省级财政之间的关系,未对省级及以下各层级之间的财权与事权分配做规定,由此导致财权与事权失衡,[③]出现财权层层上交,事权层层下放现象,致使"管事的"手中没钱,难为无米之炊,这是影响学前教育财政投入的重要原因。为此,国务院要求各级政府要将学前教育经费列入财政预算,"多种渠道加大学前教育投入",[④]但由于相关文件并未明确财政投入的比例,缺乏刚性的指标,使得各级政府在政策执行过程中仍然有很大的回旋余地和空间,完全可以根据自己的价值取向和意愿进行解释和实施;而上级部门在督查过程中也将面临缺

---

① 李召存,姜勇,史亚军.国际学前教育公共经费投入方式的比较研究[J].全球教育展望,2009(11).
② 田志磊,张雪.中国学前教育财政投入的问题与改革[J].北京师范大学学报(社会科学版),2011(5).
③ 庞丽娟,范明丽.当前我国学前教育管理体制面临的主要问题与挑战[J].教育发展研究,2012(4).
④ 《关于当前发展学前教育的若干意见》(国发〔2010〕41号)。

乏刚性依据和难以督查的尴尬,"学前教育发展还是不能从根本上获得财政性教育经费的保障和支持"。[1]

另外,在确保学前教育财政投入总量的同时,要科学选择和运用投入方式。研究发现,政府将财政经费直接投入幼儿园,能够有效地管理和引导幼儿园的发展,对幼儿园改善办学条件、提高师资水平具有积极作用,[2]但财政资金一旦打入民办幼儿园账户,公众必然会对资金的监管及其效能的发挥提出疑问,这也将对政府管理的能力和水平提出挑战。

（三）关于购买学前教育服务

由于有关政府购买学前教育服务的文献较少,笔者将根据本研究要解决的问题及主要研究内容,适当扩大范围,对"政府购买教育服务"的研究成果进行综述和评析。

学界普遍认为,政府购买教育服务是在新公共管理思潮下,西方发达国家为减轻原有福利制度重压而采取的一项改革措施,该项改革将教育服务提供者与生产者进行了有效分离,通过运用市场规律,调动社会组织共同参与教育服务生产,从而提高服务效率和质量。[3] 俞晓波认为,购买服务有利于政府从一些具体事务中"脱身"出来,政府可以集中精力加强对公共服务的监管,提高服务质量和

---

[1] 唐文秀.论我国学前教育财政投入政策的价值诉求[J].内蒙古师范大学学报(教育科学版),2013(6).
[2] 李召存,姜勇,史亚军.国际学前教育公共经费投入方式的比较研究[J].全球教育展望,2009(11).
[3] 上海市浦东新区社会发展局.中国教育改革前沿报告——浦东新区教育公共治理结构与服务体系研究[M].上海:上海教育出版社,2009.

效率。① 王善安认为,购买服务有利于整合社会资源,实现学前教育服务效力的最大化,解决当前学前教育资源供不应求的矛盾。②

纵观各国的实践,政府部门大多向非营利组织购买教育服务。购买服务有"竞争性购买"及"非竞争性购买"两种模式,前者通过公开招标、择优选择产品供应方,后者通过指定、委托、协商等方式完成购买行为;③其运行机制可概括为:政府出资—定向购买—契约管理—评估兑现。④

购买教育服务的内容主要有四个方面:一是购买学位,通过向民办学校(民办幼儿园)购买学位,来保障适龄儿童平等入园、入学的权利;二是购买管理,通过向具有管理优势的中介机构购买服务,来改善薄弱学校(幼儿园)的办学情况,加速新开办学校(幼儿园)的优质化进程;三是购买评估,通过向第三方专业机构购买服务,由其对教育服务进行客观、公正、专业的评估,从而实现对所购的学位和管理服务的监管;四是购买其他服务,包括对特殊儿童的教育服务、培训服务、教科研项目等。⑤

购买的方式主要有两种:一是直接购买,向适龄儿童发放教育券或向民办幼儿园购买学位;二是间接购买,有减免租金和减免税

---

① 俞晓波.地方政府公共服务购买的实践与发展趋向——以上海浦东购买教育公共服务为例[J].天府新论,2012(3).
② 王善安.关于我国政府购买学前教育服务的思考[J].早期教育(教科研版),2012(02).
③ 韩俊魁.当前我国非政府组织参与政府购买服务的模式比较[J].经济社会体制比较,2009(6).
④ 魏中龙,巩丽伟,王小艺.政府购买服务运行机制研究[J].北京工商大学学报(社会科学版),2011(5).
⑤ 上海市浦东新区社会发展局.中国教育改革前沿报告——浦东新区教育公共治理结构与服务体系研究[M].上海:上海教育出版社,2009.

金两种形式。① 国外的典型做法有如下几种：一是购买学券发放教育服务；二是公立学校私有化经营；三是以津贴或补助方式购买服务；四是购买职业教育培训包；五是资助性购买社区教育服务。②

周翠萍认为，目前我国政府购买教育服务存在以下风险：一是由于政府职能尚不健全，配套政策尚不完善，市场上能够生产教育服务的专业组织较少，且其独立发展能力不足，导致存在降低服务供给效率和质量的风险；二是由于难以全面、真实地掌握"卖家"信息以及难以精准估算服务价格，因而存在增加服务供应成本的风险；三是由于招标制度不健全，财政预算制度不完善，监管制度不到位，导致存在权力寻租的风险。③ 王海英、王丽燕在对全国各地购买学前教育服务的案例进行分析后认为，目前我国购买学前教育服务"缺少竞争性、约束性和激励性"，因此，须建立风险防范机制，系统设计政府购买学前教育服务的制度，着力培养"卖家"的契约精神。④

教育服务不同于一般商品，政府购买教育服务不能是"一锤子"买卖。为此，俞晓波建议应以合同为纽带，建立政府部门和社会组织之间的公私伙伴关系。⑤ 陈世岚指出，要促进公平和效率平衡发展，加强顶层设计和制度建设，建立科学的运作机制，并设立专门负

---

① 乐小萍.我国学前教育服务供给多元化特征研究[D].南京：南京师范大学，2012.
② 陈世岚.国外政府购买教育服务的典型及启示[J].探求，2013(4).
③ 周翠萍.我国政府购买教育服务的风险分析[J].教育科学，2010(10).
④ 王海英，王丽燕.政府购买幼儿教育服务的条件与风险防范机制[J].幼儿教育（教育科学），2011(11).
⑤ 俞晓波.地方政府公共服务购买的实践与发展趋向——以上海浦东购买教育公共服务为例[J].天府新论，2012(3).

责政府购买服务的管理机构。① 周翠萍认为,应明确购买的内容和要求,建立规范的招标机制和财政保障制度。② 魏中龙等人提出要加强全程监管,培育"卖家"队伍,保证财政效率。③

(四) 相关研究的贡献、价值和不足

国外政府购买服务起源于20世纪五六十年代,经过长期的研究和实践,相关理论和经验都较为成熟,购买教育服务的范围和内容更为宽广,运作机制更为完善,更为重要的是,基本形成了较为规范、成熟的教育市场。相比较而言,中国购买教育服务起步较晚,由于长期实行计划经济,教育市场尚未发育健全。中国现有研究对政府购买服务的主要贡献与价值有以下几点。

其一,现有研究从理论层面对政府购买服务的性质、可行性、必要性进行了分析,对购买服务的基本要素、运行机制等进行了阐述,提出了风险防范和政策制定的建议,这些研究对更新观念、拓宽思路、指导实践均具有积极意义。

其二,现有研究从实践层面对部分地区政府购买教育服务进行了分析和总结,这对丰富和完善政府购买学前教育服务的理论,对改进政府购买学前教育服务的实践具有借鉴和参考价值。

其三,相关研究对拓宽和丰富教育财政政策,调动社会力量参与教育服务,进一步扩大和丰富教育资源,满足适龄儿童的多元教育需求,具有积极意义。

---

① 陈世岚.国外政府购买教育服务的典型及启示[J].探求,2013(4).
② 周翠萍.我国政府购买教育服务的政策研究[D].上海:华东师范大学,2011.
③ 魏中龙.政府购买服务的运作与效率评估研究[D].武汉:武汉理工大学,2011.

在我国，由于政府购买教育服务尚处于起步阶段，现有研究较多参考和借鉴了国外的研究成果及中国少数地方的实践经验，作为"舶来品"和新生事物，政府购买教育服务还需要大量的本土化研究与实践。

首先，现有研究宏观的、理性的、定性的居多，微观的、操作性的、定量的较少，从理论研究到实践运行，还需要进一步探索并具体化。尤其是与"人"息息相关的研究，在实践中必将受到传统、习惯、道德、科技、制度等诸多因素的影响，这将使纯理论在实践中发生"变形"。从理论到实践，需要怎样的政策制度、市场环境？将纳税人缴付的税金用以向社会组织购买服务，必须要取得民众的理解和支持，并发动民众共同监督，对此，应如何向民众进行宣传、解释，并动员民众共同参与？在中国现有的行政环境和自媒体高度发达的信息社会背景下，如何将购买服务置于阳光下公开运作？这一切，都有待于进一步探索。

其次，现有研究多对政府购买服务的单一政策进行了描述、评析，但缺乏综合政策的实践研究，缺乏对实践的成败得失进行深入剖析，并从中探寻规律。事实上，单一政策的实施不仅存在诸多缺陷，而且也会影响效率。例如，在实施购买学位政策后，如果没有监督、奖惩政策的跟进，势必会影响所购买服务的质量；在实施民办教师补贴后，如果没有身份甄别、质量监控政策的跟进，势必会产生人员滥竽充数、质量以次充好的漏洞。只有通过反复实践探索，建立一整套的政策体系，才能形成"组合拳"，从而切实提高政府购买教育服务的效率。

再次,中国的购买学前教育服务政策,是在学前教育资源供不应求的背景下"催生"出来的,绝大多数地区政府购买学前教育服务是为解决普惠性学前教育资源不足、民办幼儿园价格虚高的难题。在实施过程中,由于现有学前教育资源供不应求,导致政府可选择的余地极小,可谈判的价码也不多,这与欧美国家实施政府购买服务的背景大相径庭。在"中国特色"的大背景下,如何实施政府购买学前教育服务,尤其是如何规范政府采购行为,培育"卖家"队伍,开展质量监控,都需要进行创造性的探索和研究。

四、概念界定

为了清晰地阐述笔者观点,也便于他人理解笔者的意图,特对本书涉及的基本概念予以界定。

(一) 学前教育与学前教育服务

1. 关于学前教育

"学前教育"又称"幼儿教育",是指以促进0~6岁儿童身心健康发展为目的而开展的培养人的社会活动。学前教育的实施机构是幼儿园和早教机构,由于目前绝大多数地区实行学前三年制教育,即在幼儿园对3~6岁儿童实施保育和教育活动,因此,本研究主要针对3~6岁儿童,书中提到的"学前教育"专指对3~6岁儿童实施的幼儿园教育。

所谓普惠性学前教育,是指价格合理,能为广大民众所承受;质量合格,符合适龄儿童年龄特点和教育规律的学前教育。

学前教育实行地方负责、分级管理、相关部门分工管理的原则。

教育行政部门是幼儿园的主管单位,卫生行政部门负责检查和指导幼儿园的卫生保健工作。幼儿园配置教师、保健员、保育员等工作人员。根据3~6岁儿童的年龄特点,幼儿园以游戏为基本活动形式,实行保育和教育相结合的原则。

美国研究机构在历时几十年的跟踪研究后得出结论,学前教育对促进社会稳定、经济增长、科学进步具有积极作用,学前教育的投资回报率高达1:17,是从投资中获益最多的教育。

2. 关于学前教育服务

学前教育服务是指以劳动形式提供的、与学前教育有关的、能够使3~6岁适龄儿童直接或间接受益的活动。学前教育服务既包括直接面向适龄儿童的保育教育活动,也包括可提高学前教育质量和效率,并使适龄儿童间接受益的管理类、评估类、培训类等活动。

学前教育服务是众多教育商品中的一种类型,可以在市场上进行买卖。靳希斌认为,教育服务具有使用价值和交换价值;[1]周翠萍认为,教育服务兼有公共产品和私人产品的属性,是一种"混合产品",在买卖过程中不能完全按经济规律办事,应遵循教育本身的规律。[2]

(二)关于购买公共服务

所谓公共服务,是指政府利用公权力、公共资源和财政资金,加强公共设施建设,发展体、教、文、卫等公共事业,满足公民生活和娱乐、生存和发展、生产和基本活动等直接需求,为公民参与政治、经

---

[1] 靳希斌.论教育服务及其价值[J].教育研究,2003(1).
[2] 周翠萍.我国政府购买教育服务的政策研究[D].上海:华东师范大学,2011.

济、文化等活动提供保障。

公共服务的责任主体是政府,但这并不等于公共服务的生产与提供只能由政府来承担。随着公共服务理论与实践的发展,政府部门独家供应公共服务的单一模式逐渐被打破,一些地方政府通过公开招标或定向委托等方式,运用市场规律,发动社会组织共同生产和提供公共服务。这不仅补充了政府供应公共服务的不足,同时也提高了公共服务的效率,更构筑了由多元主体组成的公共服务供给体系。

在政府购买公共服务过程中,政府是购买公共服务的主体,社会组织是购买服务的客体,能够满足民众生存、生活和发展直接需求的公共产品成为政府购买的商品。

这里所指的社会组织,是指为了实现特定的目标而有意识地组合起来的社会群体,如政府、企业、学校、医院、社会团体等,是人们为特定目的而组建起来的稳定的合作形式,具有法人资质。这里所指的社会组织,包括营利组织和非营利组织。

必须要澄清的是,非营利组织并非不能产生利益,而是不能以营利为目的。非营利组织通常享受免税政策,主要收入来源于捐赠及运营过程中产生的盈余。其产生的盈余,只能用于业务范围内的各项活动,不能用作分配。非营利组织所涉及的领域很广,包括宗教、慈善、环保、教育、政治、艺术等等,是除政府部门(第一部门)、企业界的私营部门(第二部门)以外的影响社会的第三种力量。

营利组织是相对于非营利组织的一种社会组织,是以营利为目、自主经营、自负盈亏的组织,包括企业、公司和经营性事业单位等。

(三)关于政府购买学前教育服务

要解读政府购买学前教育服务,首先要解释何为政府购买服务。目前,关于政府购买服务主要有以下几种概念:其一,政府部门利用财政资金向社会服务机构购买产品,从而履行服务公众的职能,并实现财政效力最大化;[1]其二,作为一种新型公共服务供给模式,政府将一些保障社会发展和为人们日常生活提供服务的事项交由有资质的社会组织办理,并按照一定标准支付费用;[2]其三,政府与营利或非营利组织签订合同,由该组织完成政府设立的特定的公共服务目标,政府予以相应的资金支持与资源监管,其本质是财政资金的转移支付,核心意义在于实现公共服务提供的契约化。[3]

大家普遍认为,政府购买服务的目的是履行职责,完成其肩负的"服务大众"的功能,政府购买的服务是一种特定的公共服务,使用的资金是财政资金;公共服务的出卖方是具有一定资质的社会组织,该组织可以是非营利性组织,也可以是营利性组织;政府与社会组织之间是相对独立的主体,在买卖过程中是一种平等的契约关系。

政府购买学前教育服务是政府购买服务的重要内容之一。政府购买学前教育服务是指政府为履行服务于大众的职能,使用财政资金向具有一定资质的社会组织购买学前教育服务,从而提高财政

---

[1] 李慷.关于上海市探索政府购买服务的调查与思考[J].中国民政,2001(6).
[2] 吴红萱,江大纬.无锡11项公共事业实行"政府购买服务"[N].中国社会报,2006-06-19.
[3] 贾西津.公共服务购买——政府与社会组织的伙伴关系 [OL]http://www.360doe.com/content/10/1110/10/2483171_68142626.shtm.

资金的使用效率,并使学前教育服务优质化的一种活动。

政府向办学实体和教育中介组织购买直接针对学龄前儿童的保教服务或与之相关的管理类、评估类、培训类服务,以实现学前教育服务优质化和高效率。所谓教育中介机构,是指介于政府业务管理部门和办学实体之间的一种社会组织,是提供教育评估、检测、咨询、招标等专业服务的非营利性组织,具有独立法人资质。

政府购买的学前教育服务具有公益性、基础性和普惠性的特征,政府通过向社会组织购买学前教育服务,打破了原先对学前教育服务统包统揽,"管""办""评"合一的状态,实现了学前教育服务"生产者"和"提供者"的分离,并发挥着延伸政府服务、发动民众参与、增强社会自律、完善学前教育公共服务体系的作用。目前,国外政府购买学前教育服务的形式主要有公校私营、购买学位、委托管理、委托评估等。在中国,多地政府购买学前教育服务的形式限于购买学位,并通过购买学位来弥补学前教育资源的不足。

五、研究方法

本研究将采用调查问卷法、个别访谈法、文献研究法、定量分析法、个案研究法、政策分析法等研究方法。

调查问卷法及个别访谈法:政府购买学前教育服务惠及无数适龄儿童,关乎各级各类幼儿园的办学质量,影响上海浦东新区学前教育的发展。笔者将通过对民办幼儿园"地段生"家长的问卷,对幼儿园教师、园长、行政管理人员、专家等的访谈,从不同的角度收集信息,并进行综合分析,为本研究提供依据。

文献研究法：政府购买学前教育服务是一个全新的课题，涉及社会福利、学前教育、教育财政、市场经济等。本研究将通过对政府购买教育服务，尤其是学前教育服务方面的文献资料的研究，了解、掌握相关研究的最新动态，确定深入研究的方向，制定科学的研究方法，以开拓的视野审视和剖析上海浦东新区等多地政府购买学前教育服务的政策、举措、绩效等，为本研究提供实证。

定量分析法：本研究将收集、分析近五年上海浦东新区政府购买学前教育服务的各类数据，并对数据进行深入、细致的分析研究，进而理清关系、总结经验。

个案研究法：本研究通过剖析政府购买学前教育服务过程中的一些典型案例，从而揭示政府购买服务过程中存在的问题，通过分析、思考，总结出一般规律，为进一步改进政府购买学前教育服务提供依据。

政策分析法：本研究通过对部分地区政府购买学前教育政策文本的筛选、政策制定背景的调研、政策实施情况的评价，对存在问题的本质、问题产生的原因等进行深入剖析，探寻解决当前学前教育供求矛盾及提高学前教育效率和质量的有效途径，着力寻求政府购买学前教育服务的有效政策及实施举措。

第二章 政府购买学前教育服务的理论基础

计划经济时代,政府既是公共产品的提供者,又是公共产品的生产者,还是公共产品的管理者,大包大揽之下,致使政府职能弱化,效率低下。随着新公共管理理论的产生及推广,政府职能被重新定位,"小政府,大社会"成为政治变革的一项重要内容和目标,管理、监督和服务成为政府机构的三大主要功能。为了提高效率和质量,一些非核心的职能从政府职能中剥离并交由市场办理,市场机制被引入,公共产品提供者与生产者两大角色分离,部分公共产品经社会组织生产后,被政府购买并由政府向社会提供,政府购买学前教育服务的理论由此进入人们的视野,并被付诸实践。

一、政府购买学前教育服务的必要性与可行性

二十世纪七八十年代,美、英、日等国家为减轻福利负担,提高教育效率及优化教育质量,开始制定并实施政府购买教育服务政策。目前,这些国家的相关政策趋于完善,内容、形式也较为丰富,并且已经取得一定成效。

在我国,政府购买学前教育服务的政策于21世纪初在上海浦东新区率先开始实施,目前在全国东部、中部、西部各地区都有实践。由于各地区社会、经济条件迥异,各地政府购买学前教育服务的具体内容、投入资金、采取措施也大相径庭,但因存在刚性需求,也都得以实施并逐步得到推广。

(一)政府购买学前教育服务的必要性

尽管各地政府购买学前教育服务的具体举措不一,但内在动因基本相似,主要有以下两点。

1. 现有学前教育公共资源供不应求

20世纪80年代初,我国经济体制发生重大变革,原先由国家直接投资或由国家以税收"让利"形式举办的幼儿园纷纷被推向市场,学前教育资金的投入结构和主体发生重大变化,原先以政府及国有(或集体)企事业单位为主的学前教育投资结构,逐渐转变为由多元主体构成的投资结构。学前教育投入资金主要来源于以下两个方面。一是来自于政府财政投入,这部分资金基本主要投入公办幼儿园。数据显示,2004年,全国学前教育总投入仅占国内生产总值的0.06%,财政性学前教育经费占国内生产总值的0.05%,学前教育投入仅占教育总投入1.24%。[1]由于财政对学前教育的投入始终控制在较低水平,导致学前教育资源严重匮乏,各地"入园难"的矛盾突出。二是来自于各种社会力量的投入。这一时期,社会力量成为举办民办幼儿园的活跃主体,是推进民办学前教育发展的生力军。但社会力量投入资金举办民办幼儿园,或多或少存在"寻利"的预期,

---

[1] 中华人民共和国国家统计局.中国统计年鉴(1999—2006)[M].北京:中国统计出版社,2006.

由于目前非营利性制度建设尚不完善，政府监管也未能完全到位，民办幼儿园举办者不仅将办学成本全部分摊给幼儿家长，还会想方设法通过办学获取利润，导致各地"入园贵"的矛盾突显。

要破解"入园难""入园贵"的困境，政府必须拥有足够的可支配资源，公办幼儿园是政府直接举办的学前教育机构，可以由政府直接调配用于供应社会，但现有公办幼儿园资源严重不足，难以支撑整个学前教育公共服务体系。在这样的形势下，利用财政资金向社会组织购买服务，是现实条件下用以补充学前教育资源不足的最快捷、最简便方式，这也是全国多地实施政府购买学前教育服务政策最主要的动因。

2. 社会需要高效率、优质化、可选择的学前教育服务

政府直接举办的学前教育机构，由政府包办、包养、保管，在职保教人员有国家事业编制，幼儿园每年有稳定的财政投入，享受着各种政策的庇护，在运作过程中占据了很大优势。这类幼儿园由于长期缺乏市场竞争压力，办学效率低下，服务内容不能满足社会需求，因此一直饱受社会诟病。

社会组织举办的幼儿园出于自身利益和生存需要，会想尽办法不断增强自身实力，并在人员素质和能力、产品种类和质量、服务项目和品质、价格、信誉等方面不断做强、做实自己，以期在与同行间你死我活的激烈竞争中占得先机，立于不败之地。社会组织举办的幼儿园，不仅会精打细算提高效率，而且会想方设法优化服务，更会根据市场反馈的信息及时调整运营策略，提供市场所需产品。比如，以招收农民工同住子女为主的幼儿园会主动根据农民工的工作

时间而延长幼儿园服务时间,以招收高端人才子女为主的幼儿园会根据家长需要开设各种特色课程。而这一切,在长期缺乏竞争而形成惰性的公办幼儿园很难做到。公办幼儿园长期习惯于"以我为主"的思维模式,习惯于儿童及其家长顺应"我"的要求,几乎丧失了根据社会需求开发新产品的敏锐性和积极性,他们既不可能想办法让幼儿园每天运作九小时甚至更长时间,也没有根据家长需求提供丰富多彩的保教服务的积极性。因此,社会组织举办的学前教育机构,在办学效率、优质化程度、可选择范围及内容等方面比政府部门办的幼儿园更具优势,政府向社会组织购买服务并提供给社会,可以更好地弥补公办幼儿园的不足,更好地满足社会的需求。

可以说,满足社会需求,是政府的职责所在,也是政府购买学前教育服务的基本动因。所谓需求,一是基本需要,即适龄儿童基本的学前教育服务需求;二是更高层次的要求,即适龄儿童对学前教育服务的高效率、优质化、可选择的需求。社会的需求,使政府购买学前教育服务势在必行。

(二)政府购买学前教育服务的可行性

要回答可行性问题,首先要明晰以下问题。第一,学前教育服务的本质是什么?第二,政府的职能是什么?第三,是否具备政府购买学前教育服务的条件?

其一,学前教育是准公共产品。

公共产品与私人产品相对应,是指具有消费或使用上的非竞争性和受益上的非排他性的社会产品。人们对某一产品的消费不会影响另一些人对这一产品的消费,即该产品具有非竞争性;人们对某一产品的利用,不会排斥另一些人对该产品的利用,即该产品具有非排他性。私人产品由市场提供,而公共产品则由政府提供。

在现实社会中,"纯公共产品"少而又少,更多的是介于公共产品和私人产品之间的准公共产品,学前教育就属于准公共产品。因为对同一班级的幼儿而言,甲在接受保教服务时,并不排斥乙接受同样的服务,即学前教育具有一定程度的非排他性。随着班级人数的增加,玩具设施的数量也需要增加,保教人员的工作负担也会随之加码,即自变量变动后,其边际量并非为零。而且,为保障安全和质量,幼儿园的办班规模和班级人数均有一定的限制,不能无限制扩张,即学前教育具有一定的竞争性。

作为准公共产品,学前教育的成本应由政府、社会和受益者本人(或其父母)共同分担,分担比例可视社会文化背景、政府财力和政策目标等情况而定。

其二,提供公共产品是政府的职能。

政府职能也称行政职能,是国家行政机关依法对国家和社会公共事务进行管理时应承担的职责和所具有的功能。提供公共产品是政府的职能之一,政府部门通过权力介入或公共资源投入来满足公民的生存、生活、发展等社会性直接需求,并以此履行职能。我国已经把"发展教育事业""提高人民科学文化水平"列入宪法,作为基础教育之基础的学前教育,理应成为政府提供的公共产品之一。

研究表明,学前教育对儿童、家庭和社会都具有重要贡献:对儿童能力发展具有积极影响,可以提高儿童未来的收入水平和工作能力,预防、减少其违法犯罪活动;为儿童成长提供一个平等的、良好的开端,帮助弱势儿童获得平等发展的机会;可以提高母亲的就业率,增强其经济独立能力;可以增加税收,减少政府帮困负担,促进社会稳定和发展。[1] 学前教育不仅可以提高人口素质,增加家庭收入,缩小地区差别,而且还有助于社会公平、稳定、和谐、持续发展。许多发达国家将学前教育纳入社会福利体系,通过向民众提供免费或低收费的学前教育服务,为不同社会背景的适龄儿童提供相对公平的成长环境,为弱势群体的发展提供政府财政支持,为社会后续发展提供人力资源保障。

由于学前教育对儿童、家庭、社会均具有积极作用,具有正外部效益,符合财政资金投入原则,使得政府利用财政资金购买学前教育服务也就具有了合法性和可行性。

其三,市场具备生产学前教育产品的条件。

既然学前教育是一种准公共产品,提供学前教育服务是政府的职能,购买学前教育服务也符合财政制度,那么市场上是否可以买到合适的学前教育产品呢?

由于长期以来财政投入的缺失,公办幼儿园发展受到限制,民办幼儿园急速扩张,政府可支配的学前教育资源供不应求。与此相对应,人口出生高峰来临,适龄儿童人数大幅增加;社会经济快速发展,儿童早期教育的理念被普遍接受,入园率提升,民众对普惠性学前教育服务的呼声日益强烈。因此,现阶段政府急需购买的是直接面对适龄儿童的普惠性学前教育服务。而经过二三十年的发展,市

---

[1] Cordon Cleveland, Michael Krashinsky. Financing ECEC Services in OECD Countries [EB/OL].(2003-01-30).http://www.oecd.org/edu/earlychildhood.

场上已经拥有了一支庞大的民办幼儿园队伍,这支队伍中除少数幼儿园走高端路线,提供高消费的学前教育服务外,绝大多数幼儿园提供的都是平民化的学前教育服务。问题是,由于政府财政缺失,幼儿园的所有办学成本都分摊在幼儿家长身上,同时,家长还要承担一部分民办幼儿园举办者的利润回报,因此,这类幼儿园要么收费偏高,要么为腾出利润空间而过度压缩成本,致使服务质量低劣。若有财政资金投入,并以合同制约,再加强过程监管,这些民办幼儿园应该是一批较为合适的普惠性学前教育服务的采购对象。

至于那些与学前教育有关的、使适龄儿童间接受益的服务产品,可以借助市场特有的功能进行"孕育"和"催生"。反馈和调节是市场的基本功能,是市场活动的内在属性,市场在商品交换过程中,把商品供应和商品需求的信息传递、反映给当事人,并通过价值规律,对社会生产、分配、交换、消费商品的全过程进行自动调节。1903年,中国出现第一家幼儿园——湖北武昌蒙养园;1904年,清政府颁布了中国第一个涵盖学前教育的法规——《奏定学堂章程》,自此,中国学前教育已有一百多年的发展史。其间,出现了大量学前教育的理论和实践人才,尤其是近年来,学前教育获得飞速发展,学前教育人才辈出。这些人才,是市场孕育管理类、评估类机构的"种子",只要加以引导,鼓励其申办符合资质的民间非企业组织,在市场规律的刺激下,这支队伍势必会蓬勃发展并优胜劣汰,成为政府购买学前教育服务的可选择对象。

二、政府购买学前教育服务的内涵解读

政府具有依法对国家和社会的公共事务进行管理及向社会提供公共服务的职能。作为公共服务的提供者,政府既可以直接生产学前教育服务,也可以到市场采购学前教育服务。为履行职能,并提高效率,部分地区把学前教育服务纳入政府购买服务的内容之一。

政府购买学前教育服务的基本要素有五项:一是买家,二是卖家,三是商品,四是资金,五是市场。

在购买学前教育服务的过程中,政府是购买主体,是买家。所谓政府,是指国家权力机关的执行机关,是国家政权机构中的行政机关。政府通过向社会组织购买学前教育服务并提供给社会大众,从而履行其作为国家公共行政权力的承载体和实际行为体而承担的天然职责。

具有一定资质的社会组织是买卖的客体,是卖家。这里的社会组织既可以是非营利性组织,也可以是营利性组织;既可以是直接面向适龄儿童、提供学前教育服务的办学机构,也可以是提供使适龄儿童间接受益的,并从事学前教育相关业务的中介机构。

由于学前教育是一项特殊的服务,是一种以影响人的身心发展为直接目的的、培养人的社会活动,学前教育服务质量的优劣,不仅影响着儿童个体的成长,同时也影响着整个社会的进步和发展,因而,对学前教育服务的供应商是有一定要求的。首先,从事学前教育服务的机构必须是独立法人,应具有"民事能力"和能够承担"民事义务";其次,从事学前教育服务的社会组织必须具有相应的业务

范围;再次,涉及行政许可的,须具备相关许可。《中华人民共和国教育法》第二十七条规定:"学校及其他教育机构的设立、变更和终止,应当按照国家有关规定办理审核、批准、注册或者备案手续。"为保障学前教育服务的基本质量,对生产学前教育服务的机构必须设置准入门槛。

目前,我国政府购买的学前教育服务商品有两大类:一是直接面向适龄儿童的学前教育服务,主要为幼儿园的学位;二是有助于提高学前教育质量与效率,并使适龄儿童间接受益的管理类、评估类、培训类及其他服务产品。前者是政府为履行职能而向民众提供的公共产品,后者是为确保公共产品的质量和效率而购买的风险控制性产品。

政府所提供的学前教育服务应是满足个体基本尊严和基本能力的需要,并有助于个体的人生发展的服务,是与当时、当地的社会经济水平相适应的基本服务。随着社会经济的发展和人民生活水平的提高,基本的学前教育服务的范围将逐步扩大,水平也会逐步提高。学前教育公共服务应具备以下特点:一是必要性,即向适龄儿童提供促进其德、智、体、美全面发展的,关乎儿童终身发展的最直接、最迫切的学前教育服务,而不是诸如钢琴、外语等"锦上添花"式的学前教育服务;二是合格性,即有正确教育理念、符合相关标准、具有合格质量的学前教育服务;三是普惠性,即惠及最广大人民群众的并能为大众所承受的学前教育服务,而非小众的、个性化的高价服务;四是可行性,即与当地社会经济发展水平及公共财政承担能力相符的学前教育服务,各地政府可以根据本地实际,决定提供学前一年或学前三年服务,决定幼儿园教师的准入条件是中专毕业还是本科毕业。

这里的资金专指财政资金。财政资金的收入主要来自于税收收入和企业上缴的一部分税后利润;支出主要用于行使和实现国家职能的需要,为整个社会提供公共产品和公共服务;财政资金的支配者是政府及其所属机构。学前教育作为公共服务的一项内容,符合财政资金支出的要求;政府利用财政资金向社会组织购买学前教育服务,是为履行服务民众的职责。

市场是政府购买学前教育服务过程中不可或缺的五大基本要素之一。所谓市场,有两种含义:一是指买卖双方进行交易的场所,这里的场所,既可以是真实的场地,也可以是虚拟化的场所;二是指交易行为的总称。在政府购买学前教育服务过程中,既需要一个从事买卖行为的场所,也需要实施服务所有权转移的行为,更需要一个以自愿、平等、互利为原则的市场环境。缺失了市场这个赖以生存的环境,也就无法实现政府购买学前教育服务这一行为。

三、政府购买学前教育服务的运作机制和绩效评估

政府购买学前教育服务的运作机制主要涉及"由谁买""由谁卖""买什么""怎么买卖""如何监控"等一系列问题。理清这些问题,有利于政府购买学前教育服务工作的正常开展,有利于提升政府购买学前教育服务的绩效。

(一)政府购买学前教育服务的组织机构与基本原则

政府以货币或实物的形式,向生产学前教育服务的社会组织购

买产品,从而履行其向社会提供学前教育公共服务的职能。从事产品交易的买卖双方,具体由哪些部门或组织构成?作为具有民事行为能力的民事主体,他们在买卖过程中应遵循哪些原则?这些问题将直接影响政府购买学前教育服务的运作,进而影响政府购买服务的绩效。

1. 政府购买学前教育服务的组织机构

学前教育服务的买卖双方分别为政府部门和社会组织,其中,作为卖家的社会组织主要指非营利性组织和营利性组织,那么作为买家的"政府"具体指哪些部门呢?

教育行政部门是购买主体。提供学前教育公共服务是教育行政部门的职能,向市场购买学前教育服务是教育行政部门为履行职能而采取的举措。作为学前教育服务的购买主体,教育行政部门不仅要决定买什么、买多少、怎么买等一系列问题,同时还要制订购买方案并向财政部门申报预算;财政预算通过后,要组织力量进行采购活动;买卖交易完成后,还要通过多种渠道、运用多种方式对购买的产品进行过程监控,以保障学前教育公共服务的质量。

财政部门是出资单位。作为出资单位,财政部门要根据财政投入原则及教育预算额度,对教育部门提交的购买学前教育服务的预算进行审核,通过审核后,向教育部门拨付财政经费。

民政和工商等部门是主管单位。学前教育服务的卖方是具有法人资质的、依法具有民事权利能力和民事行为能力,并独立享有民事权利、承担民事义务的社会组织。根据我国法律,法人有社会团体法人、企业法人、事业单位法人和机关法人四类,学前教育服务的生产方主要为前两类法人,这两类法人的主管单位分别为民政和工商等部门。在购买学前教育服务的过程中,民政和工商等部门要根据自身职能,协同教育部门对所属机构实施管理。

审计监察部门是监管主体,要参与政府购买学前教育服务的全过程。目前,学前教育服务市场尚未发育健全,学前教育服务供不应求,为防止权力寻租及其他违法违规现象发生,需要审计监察部门介入,健全管理制度,规范政府购买学前教育服务的活动。

综上,政府购买学前教育服务是由多部门共同参与并依据各自职能协同运作的行为,是一个相互配合、相互制约的过程。

2. 政府购买学前教育服务的基本原则

政府购买学前教育服务本质上是政府部门与社会组织基于契约的商品交易行为,在交易过程中,作为当事人的政府部门和社会组织均为独立法人,双方之间不是行政隶属的上下级关系,而是平等的民事关系。在买卖过程中,双方应遵循以下原则。

一是自愿原则。既然是基于契约的商品交易行为,买卖双方都有"签约"和"不签约"的自由,政府购买学前教育服务是一项你情我愿的交易活动,任何一方都无权胁迫另一方签订契约,从事买卖活动。只有出自当事人自愿的契约和买卖,才具有法律约束力。契约一经签订,当事双方就具有了履行契约的责任和义务。

二是平等原则。所谓契约,又称合同,《中华人民共和国合同法》第二条规定:"合同是平等主体的自然人、法人、其他组织之间设立、变更、终止民事权利义务关系的协议。"买卖双方是平等的民事法律关系,在签订契约过程中,双方可以争执,可以协商,可以讨价还价。但契约签订之后,当事双方都有义务不折不扣地予以执行。

三是互利原则。在契约签订及执行过程中,应体现相互有利、彼此受益的互利原则。尤其是处于强势地位的政府部门,无权"出于公心"而强迫社会组织代替其履行提供学前教育服务的职能。买卖双方可以在反复的谈判过程中,寻找契合点,实现互惠共赢。

买卖双方在自愿、平等、互利的基础上,以合同形式规定各自的权利和义务,明确买卖的具体内容、标准、规范,商定产品的价格、交付时间、交付方式,制定双方的违约责任、赔偿金额和方式等,使交易行为能够在公正的环境下,规范、有序地进行。

(二) 政府购买学前教育服务的主要模式与基本流程

尽管各国、各地区购买教育服务的具体模式与流程不尽相同,但总体相似,具有一定的共性。

1. 政府购买学前教育服务的主要模式

分析国内外政府购买学前教育服务的实践,依据其是否具有竞争性、由谁实施购买行为、购买的内容与形式、资金支付方式等,可分为以下五种主要模式。

其一,竞争性购买与非竞争性购买。

以购买过程中是否具有竞争性为依据,可分为竞争性购买和非竞争性购买。竞争性购买是指买家通过公开招标的方式寻找和选择卖家,并完成购买行为。参与竞争性购买的卖家数量一般大于等于1,卖家之间须经过竞争才能获取买卖合同。竞争性购买便于买方在众多卖家中选择更有利于己方利益的卖家,可以提高政府购买学前教育服务的效益;但同时,竞争性购买对市场的要求也较高,不仅需要市场拥有丰富的同类产品,还要求市场有规范的运作机制和生态环境。

非竞争性购买是指买家通过委托、指定的方式确定卖家,并通过协商完成购买行为。目前,全国多地学前教育资源严重不足,各地政府在购买幼儿园学位时,少有选择的余地,因而多采用非竞争性购买的方式。

其二,政府向生产机构直接购买与由受益人自主选择生产机构购买。

以具体实施购买行为的对象为依据,可分为政府向幼儿园购买学位,再把学位提供给适龄儿童;以及由受益人自主选择幼儿园购买,即适龄儿童在其家长帮助下,持政府提供的"教育券"自主选择幼儿园,并以"教育券"抵扣部分或全部学费,幼儿园再持"教育券"到政府部门兑换现金。

相对而言,由政府部门直接向幼儿园购买学位,再提供给适龄儿童的操作模式较为简便,同时,这种操作模式也有利于政府对财政资金的监控和对出售服务的机构进行监管;而由受益人自主选择幼儿园的模式,有利于适龄儿童在家长帮助下,选择符合自身需求的个性化服务,但同时,这种操作模式较为复杂,尤其是对"教育券"在流通过程中的监管难度较大,监管成本也较高。

其三,整体打包购买与单个项目购买。

以政府购买的服务内容为依据,可分为整体打包购买与单个项目购买两种模式。例如,委托中介机构管理幼儿园项目,由若干个分项目组成,内容包括幼儿园日常管理、幼儿园师资队伍建设、幼儿园设施设备购置及后勤保障工作、幼儿园课程建设等涉及幼儿园正常、有效运作的一系列项目,是为整体打包购买;也有一些项目,如民办幼儿园财务检查项目、民办幼儿园"地段生"政策执行情况专项检查等,内容比较单一,是为单个项目购买。

其四,直接补助与间接补助。

政府部门常常以财政资金补贴卖家(民办幼儿园)的办学成本,进而要求卖家降低保教费标准,以此达到购买服务的目的。以补助的形式为依据,可分为直接补助与间接补助两种模式。以财政资金为民办幼儿园配置设施设备和玩教具、给予民办幼儿园在职教师工资补助等方式,补贴民办幼儿园的办学成本,是为通过直接补助来购买学前教育服务。这种方式可针对民办幼儿园中普遍存在的玩教具匮乏、师资队伍薄弱且流动性大等问题做"加法",在短期内改善薄弱环节,具有收效快、成效显著的特点。以减免民办幼儿园园舍租金、降低民办幼儿园水电煤费标准等方式,可间接降低民办幼儿园的办学成本,是为通过间接补助来购买学前教育服务。

其五,单笔资金购买与多笔资金组合购买。

以购买资金的组成结构为依据,可分为单笔资金购买与多笔资金组合购买两种模式。如果购买学前教育服务的资金组成方式单一,即为单笔资金购买。例如,民办幼儿园质量认定项目出资方式单一,只要将评估一所民办幼儿园的单价乘以所要评估的民办幼儿园的总数,即为该项服务的费用。如果某一项目由多项资金共同构成,即为多笔资金组合购买。例如,为了向适龄儿童提供具有合格质量的、价格适宜的普惠性学前教育服务,一些地方政府针对本地民办幼儿园中普遍存在的硬件条件差、师资队伍薄弱、收费标准偏高等顽疾,设置多个子项目,向民办幼儿园购买学位:民办幼儿园将学费降低到一定标准之下,即可享受来自政府的生均补贴;民办幼儿园聘用具有一定资质的教师,即可享受来自政府的教师补助;民办幼儿园将园舍设施改造到一定标准,即可享受来自政府的财政扶持……多个项目共同组合成具有合格质量的、价格适宜的普惠性学前教育服务项目。通过一项项经费的拨付,引导和鼓励民办幼儿园逐一改善办学条件,逐步提高办学质量,其普遍存在的顽疾也在此过程中逐步得到根治。

2. 政府购买学前教育服务的基本流程

政府购买学前教育服务的基本流程为:制定方案—财政预算—公开招标—过程监控—评估兑现。

政府购买学前教育服务方案的制定主要依据政府职能、政府财力以及当地社会经济发展水平与需求,有的地区提供学前一年服务,也有的地区提供学前三年服务延伸,甚至少数社会经济发达地区提供0~3岁早教服务。作为准公共产品,学前教育成本实行政府、社会、儿童家庭分担机制,各地根据自身财力决定各方分担的学前教育服务成本的比例。

政府购买学前教育服务的经费纳入政府的财政预算。长期以来,我国学前教育投入严重不足。资料显示,从1998年到2004年的七年时间内,学前教育投入在全国教育总投入中的占比始终在1.27%~1.44%之间徘徊,学前教育财政性经费仅占全国财政支出的 0.19%～0.27%。① 为使政府正常履行职能,保障学前教育经费是必要之举,而将学前教育经费纳入财政预算是保障学前教育经费的基础。同时,要保证财政性学前教育经费在同级财政性教育经费中占有合理比例,在此基础上,再制定政府购买学前教育服务经费的比例,这样才能确保政府购买学前教育服务经费的落实。

招标是一种国际上普遍运用的、有组织的市场交易行为,是买家发出招标公告,说明招标的内容、数量、投标人的资质要求等,邀请特定或不特定的投标人在规定的时间、地点按照一定的程序进行投标的行为。要使招标真正公开,以吸引更多的投标人参与竞标,承载招标公告的媒体的影响力、公告时间等都是关键因素。招标过程一般由公告、投标、开标、评标、中标、合同授予等几部分组成,合同签订后,公开招标工作才算全部完成。

学前教育服务是一种特殊的商品,它的特殊性在于:一是由于这种服务是一种以影响人发展为目的的活动,是为人的一生发展奠基的活动,其意义重大;二是由于这是一种持续一定时间的服务,并非"一锤子买卖",需要维持较长时间的稳定的服务质量;三是由于这种服务具有延时效应,接受服务的当时可能并不会全部甚至部分显现效果,因此要保障服务质量,必须加强对服务过程的监控。

通过评估,买卖双方根据契约,兑现各自的权利和义务。学前教育服务难以量化的特性,给评估工作带来很大挑战。如果在公开招标阶段,将服务的技术性指标尽量具体化,并予以公告;在签订合

---

① 中华人民共和国国家统计局.中国统计年鉴(1999—2006)[M].北京:中国统计出版社,2006.

同阶段,尽量使购买服务的内容具体化、可检测,不仅可以提高服务质量,也将大大降低评估的难度,提高政府购买服务的绩效。

(三)政府购买学前教育服务的效率评估

学前教育服务由财政出资,市场采购,契约管理,评估兑现。其中,效率评估是政府购买服务过程中不可或缺的环节,对保障服务质量、提高服务效率具有重要意义。

所谓效率,是指政府购买学前教育服务的投入与产出之比。由于学前教育服务为"软"服务,难以量化,因此,在评估中除关注服务数量、覆盖范围等可量化指标外,更要关注在读幼儿的发展情况、幼儿家长的满意度、社区民众的反映等难以量化的指标。

效率评估作为新公共管理理论的重要工具之一,近半个世纪以来得到了快速发展,并在提高政府提供的公共服务的效率方面发挥着重要作用。在我国,对政府购买学前教育服务的效率评估尚处于起步阶段,目前主要有以下几种方法。

一是3E评价法。20世纪60年代,美国会计总署把对政府审计工作的重心从经济性审计转到经济性(economy)、效率性(efficiency)、效益性(effectiveness)三者并重。其中,"经济"是指用最低的资源投入成本实现既定的政府购买服务目标;"效率"是指政府购买服务项目过程中的资源综合使用效率;"效益"通常用来描述政府所提供的服务在多大程度上达到了政府的目标,并满足了民众的需求。[1]

由于学前教育服务是一种"软"服务,评估过程中许多指标难以

---

[1] 魏中龙.政府购买服务的动作与效率评估研究[D].武汉:武汉理工大学,2011.

量化，且在学前教育服务的生产、供应、监控过程中涉及人力、物力、财力等多种资源，使投入与产出的比率很难计算。

二是德尔菲法。以背靠背匿名通信的方式，反复多次向专家组就某一问题征询和反馈意见，并逐步得出一个集体判断的结果。在征询意见的过程中，专家组成员之间不得交流，只以信函的方式向工作人员提交意见，由工作人员进行汇总、整理、归纳、统计后再匿名反馈给各专家，各专家在认真研究反馈意见后再次提交自己的意见，如此反复，直至形成集体意见。

对于难以量化的"软"服务，运用德尔菲法可充分发挥专家作用，通过反复深入地提出意见—归纳统计—调整意见—再次归纳统计—再次调整意见……并在提交意见和反馈意见的过程中以背靠背匿名通信的方式避免了从众心理和权威影响力，最终得出较为准确、客观的评估意见。

三是层次分析法。这是20世纪70年代美国运筹学家萨蒂教授提出的一种层次权重决策分析方法。层次分析法是将决策问题按总目标、子目标、评价准则、备选方案等顺序分解为不同的层次结构，然后用求解判断矩阵特征向量的办法，求得每一层次的各元素对上一层次某元素的优先权重，最后通过加权和的方法综合得出各层次元素的重要程度，并最终得出最佳方案。

在目前财政投入有限、学前教育需求较大的情况下，运用层次分析法可根据当地实际，确定财政投入学前教育的优先顺序，从而优先解决当前较为紧迫的问题。

由于学前教育服务是一种特殊的商品，它既有一般商品的价值和使用价值,同时作为一种教育服务,它还具有其特有的属性,因此,在效率评估过程中,政府应根据当地社会经济发展情况和民众需求,设定学前教育服务的目标和评估体系,并把评估工作作为一项具有价值导向的综合管理过程。在对学前教育服务进行评估的过程中,需遵循以下原则。

一是客观性原则。在对政府购买学前教育服务的效率评估时,应以实事求是的态度,尽可能多地收集真实、有效的信息,做出理性的判断,客观真实地反映政府购买服务的运行情况及服务的绩效。

二是科学性原则。学前教育服务是关于人的培养的"软"服务,是一项复杂的系统工程。在对政府购买学前教育服务进行评估时,应设计一整套能够全面、系统地反映政府购买服务情况的指标,从服务提供者、受益者、旁观者等不同角度收集信息,综合评价园务管理、保教质量、幼儿发展等各方面的情况,全面考量人力、物力、财力等各类资源的投入和产出,做出定性与定量相结合的评价。

三是过程性原则。强调对服务过程的监控,在效率评估过程中,重视发挥理性反思的作用,引导学前教育服务提供者不断调整优化办学策略,培育师资队伍,创建办学特色,使对政府购买学前教育服务的评估过程成为促进服务质量不断提升的过程。

通过对政府购买学前教育服务的效率评估,一是可以有效监控财政资金及资源的使用,降低政府购买学前教育服务的成本,提高政府购买学前教育服务的效率;二是可以在评估效率过程中甄选优质服务供应商,督促卖家不断提高服务质量,从而逐步提高向社会提供的学前教育服务的整体水平;三是可以推动政府职能的转变,使政府部门从一些具体事务中逐步脱身出来,更好地进行教育规划、政策设计、质量监控和资源配置等宏观管理,有利于提高政府部门的履职效能;四是能进一步公开财政资金使用情况,推动民众对政府执政情况的监督,提高政府部门的公信力。

第三章 政府购买学前教育服务的境内外考察与比较

如何规范、有序地实施学前教育服务的交易? 作为政府部门,如何进行制度设计,确定购买服务的具体内容,寻找并锁定优质卖家,合理核算服务价格,有效进行质量监控和绩效评估? 这一切,各国、各地区有各自的典型做法,解读与剖析这些做法的社会背景、运行方式、取得成效、存在问题等,将有助于借鉴有益经验,博采众长,对丰富和发展我国政府购买学前教育服务的理论、完善和提高政府购买学前教育服务的实践都具有十分重要的意义。

一、美国关于政府购买学前教育服务的实践及其启示

美国政府十分重视学前教育,把学前教育作为培养人才和提高国家核心竞争力的重要战略举措,并制定了一系列法律予以保障。1979 年,美国通过《儿童保育法》,1990 年,通过《儿童早期教育法案》,对儿童的保育和教育做出较为全面的规定。1981 年,颁布《提前开始法》,向低收入家庭的学龄前儿童提供免费的健康、营养、教育等服务。1990 年,颁布《儿童保育和发展固定拨款法》(该法案于1995 年进行修订),规定联邦政府每年提供一定数额的拨款,用于对

授权儿童的保育服务,保障低收入家庭儿童接受学前教育。1994年颁布的《目标2000年:美国教育法》把发展学前教育放在八大目标之首,提出学龄前儿童要做好入学准备;所有残疾和处境不利的儿童都能得到与其发展相适应的学前教育;要加强对学龄前儿童的养育,确保其入学时拥有健康的身体和大脑;家长应成为孩子成长的第一任老师;对家长的保教行为提供必要的支持和培训。2000年,颁布了《早期学习机会法》,2002年,颁布了《不让一个儿童落伍法》,2005年,又颁布了《入学准备法案》。这一系列法案具体、详细地制定了联邦政府对学前教育的投入金额,强调要提高学前教育服务的有效性,为儿童入学做好准备。

美国有若干个全国性的学龄前儿童保育和教育计划,其中,针对低收入家庭儿童的资助计划投入资金最多、持续时间最长、影响力最大。面向低收入家庭儿童的资助计划,其资金主要来自三个方面:一是来自联邦政府,联邦政府规定,该项计划主要面向3~5岁贫困线以下家庭的儿童;二是来自州政府的资助,各州根据法律和财力情况,制定了本州政府资助儿童的条件和标准;三是来自私立非营利性组织自筹的资金,用于其指定的针对低收入家庭儿童的学前教育服务项目。

以美国密歇根州为例,家庭收入处于贫困线以下家庭的适龄儿童,可接受来自联邦政府的资助;同时,符合诸如儿童的父母至少有一方高中未毕业,父母至少有一方有残疾,父母至少有一方不会英文等八种情况的适龄儿童,还可以获得州政府的资助。在密歇根州,公办幼儿园只招收贫困家庭的儿童;低收入家庭儿童的比例达到90％的非营利性私立幼儿园同样可以获取州政府的资助。

在美国,学前教育服务按时间结算,政府向符合条件的儿童提供一定时间的学前教育服务。例如,密歇根州政府为符合条件的低收入家庭儿童提供每周四天、每天9:00~16:00的学前教育服务,超出规定时间段所产生的额外费用或由幼儿家长自付,或由幼儿园为其寻找社会资助。一旦纳入政府资助范围,政府对受助儿童及其家长也会提出一定要求,如密歇根州要求受助儿童不得无故缺席,要求受助儿童家长必须参加工作。

在密歇根州,政府并不直接接受儿童个人的资助申请,而是由幼儿园将儿童及其家庭资料汇总后,根据联邦政府和州政府提出的相关条件进行初步审核,并统一提交到相关部门;相关部门审核通过后,将经费下拨到幼儿园;幼儿园对相关儿童减免相应的保育教育费。

另外,邀请第三方评估已经成为美国政府监测幼儿园办学质量、幼儿园向社会公示办学情况的一种普遍选择。例如,在密歇根州,教育行政部门要求公办幼儿园将5％的经费用于办学质量的评估;私立幼儿园一旦参与了政府项目并接受政府财政投入,就必须接受项目要求的评估;另外,私立幼儿园为自身生存与发展的需要,也会主动邀请中介机构进行评估,并向社会告示其办学情况。

美国政府为不让一个儿童落伍,启动了诸如"开端计划"等针对弱势家庭儿童的资助,这些资助计划使处境不利的儿童有机会接受良好的学前教育,拥有一个良好的人生开端。这些计划的设计与运作,对我国尚属起步阶段的政府购买学前教育服务具有借鉴意义。

一是制定了一系列法律法规,从法律层面保障了儿童接受学前教育的权利。从20世纪70年代起,美国联邦政府相继出台了《儿童保育法》《儿童早期教育法案》等一系列法律法规,对儿童的保育和教育做出较为全面、细致的规定,明确提出父母在儿童成长中起着第一任老师的作用,并强调对父母的保教行为提供支持和培训;提出对处境不利儿童进行资助,并明确了"处境不利"的具体情况,详细规定财政投入的金额、各项经费的用途等。例如,在1990年颁布的《儿童保育和发展固定拨款法》中详细规定,从1996年至2002年,联邦政府每年提供10亿美元拨款,获得财政拨款的机构要将其中不少于4%的经费用于对儿童父母的培训等,以此来改进和提高保育服务的质量。

二是架构了由联邦政府、州政府和社会组织共同参与的针对处境不利儿童的学前教育资助体系。在美国密歇根州,公立幼儿园非贫困儿童不收,一些私立的非营利性幼儿园优先招收来自低收入家庭的儿童,使处境不利儿童拥有了优先享受由政府及社会资助的学前教育服务的权利。

对处境不利儿童的资助计划,由联邦政府、州政府和社会组织三方共同参与,层层加码,如联邦政府规定家庭收入处于贫困线以下家庭的儿童可享受资助计划;密歇根州政府规定凡符合父母有残疾等八大要求的儿童在享受联邦政府资助的同时,还可享受来自州政府的资助;而在享受联邦政府和州政府提供的服务外,确有如延长服务时间等进一步要求的,还可由幼儿园或社区为其寻求社会资助。这种层层加码式的资助体系,使越困难的儿童受到的资助和帮助越多，真正体现了资助的价值和意义。同时，将财政经费和社会资源用在更需要的人群身上，真正发挥了财政资金"第二次分配"的作用，突显了公平原则。

三是设计了较为完善的资助计划，保障了政府投入资金的效率。对处境不利儿童的资助计划，设计较为完善，操作较为简便。例如，密歇根州规定，一旦被列入资助计划，儿童不得无故缺席，这样就避免了学位空置、资金浪费等情况的发生，使政府资金切实产生效益。又如，凡接纳低收入儿童并享受政府资助的幼儿园必须接受第三方评估，这样就从制度设计上杜绝了幼儿园弄虚作假的机会，同时，也监控和保障了政府购买的学前教育服务的质量。再如，资助计划以使符合条件的儿童享受学前教育服务为内容，对目标对象进行直接资助，并以资助对象是否符合要求、所受服务质量是否达到标准为主要评估指标，促使相关幼儿园在实施服务过程中不断改善办园条件、提高办学质量，这样的资助计划目标明确，操作简便，也使相关幼儿园拥有了更多自主发展的空间。

四是充分发挥了私立非营利性幼儿园参与供应普惠性学前教育服务的积极性。在政府购买学前教育服务的过程中，有两大环节是运作难点。第一，儿童身份条件的甄别。政府提供的学前教育服务是一种合格的、低收费甚至是免收费的服务，相信有很多人想获取这种价廉物美的服务，但在财力有限的情况下，只有符合一定条件的儿童才有权利享受，为此，儿童身份条件的甄别是这项计划能否有效实施的关键。由于身份甄别工作面广且量大，会耗费大量的人力、物力、财力，而把这一工作分解到各相关幼儿园实施，政府只负责最后的审核工作,这样则不仅发挥了社会组织的积极性,同时还大大减轻了政府的工作量。第二,学前教育服务供应商的确定。因为关乎权力和利益,必然会存在权利寻租、公众质疑等风险,美国的低收入家庭儿童资助计划中,把服务供应商的选择权交给了幼儿园和儿童家长。密歇根州政府规定,来自低收入家庭的儿童占在读儿童的90%及以上比例的幼儿园,才可以成为政府购买学前教育服务的供应商,因此,有意做这一"买卖"的幼儿园会想方设法招收来自低收入家庭的儿童;同时,儿童选择到哪所幼儿园就读,由儿童家长自主决定。这样,既可以较好地满足儿童及其家庭个性化的需求,又使作为供应商的幼儿园形成一定压力,督促其不断提高质量。而当低收入家庭的儿童达到规定比例且经评估符合要求后,政府才给予幼儿园财政经费。如此,政府以四两拨千斤之势,十分智慧地解决了选择供应商的难题。

二、中国香港关于政府购买学前教育服务的实践及其启示

在我国香港地区,政府购买学前教育服务的资金投入主要分三大类。

第一类,向适龄儿童提供学前教育服务。香港特区政府向年满2岁8个月至6周岁的香港居民,拥有香港居留权、入境权或不附带任何逗留条件(逗留期限除外)的有效香港居留许可的适龄儿童,免费发放学前教育券。上述儿童只要在获豁免缴税的非牟利幼儿园且其学费标准不超过政府规定上限的幼儿园就读,就可以使用学前教育券,儿童接受学前教育服务只要交纳幼儿园学费与学前教育券

之间的差额部分即可。学前教育券按每名儿童1.6万港元为基数（2011学年），每年根据综合指数的年变动幅度做调整。

在学前教育券的基础上，经济困难家庭的儿童还可以根据条件申请学费减免和膳食费减免，所减免的费用由香港特区政府承担。

凡打算在相关幼儿园就读的儿童，在每年8月31日或之前，向学生资助办事处申请"学前教育学券计划资格证明书"；需要进一步额外资助的经济困难家庭的儿童，也可向学生资助办事处提出进一步援助的申请。自2012学年起，香港特区政府将学前教育券的费用及减免的学费和膳食费直接发放到相关幼儿园。

学前教育券及减免学费和膳食费的资助政策，使所有符合条件的适龄儿童都拥有了接受学前教育的权利。

第二类，提供面向幼儿园的专项补贴。1997年，香港特区政府制定了《发还地租》政策，2004年，又通过了《非牟利幼稚园租金发还计划》。上述政策规定，非牟利性幼儿园可向教育局申请返还缴纳的地租，教育局对申请单位的招生情况、学费水平、租金情况、办学质量等进行综合考评，经考评达到要求的，返还其地租。

2013年，香港特区行政长官在施政报告中提出，向参加学前教育券计划的幼儿园发放"一笔过学校发展津贴"，该津贴的基数是每所幼儿园15万港元，并按每名幼儿750港元的数额累加，最多不超过25万港元。"一笔过学校发展津贴"主要用于提高保教质量。

"发还地租"和发放"一笔过学校发展津贴"对降低幼儿园办学成本、改善幼儿园办学条件、提高幼儿园办学质量具有积极意义。

第三类，提供面向幼儿园教师的发展津贴。香港特区政府为使参加学前教育券计划的非牟利性幼儿园在不增加学费的情况下保证师资配置、稳定教师队伍、提高师资素质,向符合资格的幼儿园发放教师发展津贴。该项津贴的计算方式为:将符合资格的在读幼儿总人数乘以一定的基数。2007—2008学年,教师发展津贴的基数为3 000港元;2009—2010学年,教师发展津贴的基数为2 000港元。

申请教师发展津贴的幼儿园必须是参加学前教育券计划的非牟利幼儿园,同时,还必须配置足够的具有合格资质的教师,并根据政府建议的教师薪级表向教师支付薪金。

教师发展津贴除用于支付园长和教师的工资外,幼儿园可按"发还教师经政府认可的课程培训的学费""聘用代课教师以减轻受训教师的工作量""用于园本培训计划"的先后顺序使用这项经费。为保证专款专用,香港特区政府要求相关幼儿园必须在现有账户下设置"教师发展津贴"分类账,以处理教师发展津贴的收支。未履行相关要求的幼儿园,将被要求将教师发展津贴全数返还香港特区政府。①

香港特区政府通过构筑面向适龄儿童、面向幼儿园、面向幼儿教师的财政投入渠道,架构起港版学前教育服务体系。香港的经验给我们的启示有如下几点。

其一,通过学前教育券政策,引导各类幼儿园多元、持续发展。香港特区政府通过发放学前教育券,向符合资格的非牟利幼儿园购买学前教育服务,并提供给有需要的适龄儿童。通过经济的杠杆作

---

① 中国学前教育研究会学前教育管理专业研究会.香港学前教育资助政策选编[G].内部资料,2011.

用,香港特区政府引导和鼓励私立幼儿园加入学前教育券计划,参与提供价格合理的普惠性学前教育服务,走非牟利之路。在这一过程中,政府发挥的仅仅是导向作用,私立幼儿园有"参加"与"不参加"的自由,参加学前教育券计划的幼儿园,必须根据相关要求,配置师资、开展课程建设,提供合格的学前教育服务;不参加学前教育券计划的幼儿园,为了争取生源、求得生存,必须要做强做大自身的特色,努力使服务精细化、优质化。在政策引导下,市场上既有合格的、收费较低的普惠性幼儿园,也有个性化的、高端优质的幼儿园,整个学前教育服务体系呈现多层次、多样化的发展趋势,可供适龄儿童选择的产品不断丰富;同时,为吸引生源、求得持续发展,各类幼儿园开始积极主动地开发服务产品,提高服务质量,整个学前教育体系呈现出百花齐放、积极发展的态势。

其二,面向多方的立体式学前教育支持体系,有利于提高学前教育整体质量。香港特区政府抓住学前教育服务供求过程中的几个关键节点,发放学前教育券,让所有适龄儿童都拥有接受学前教育的机会,进一步扩大了学前教育服务的受益面;发放教师发展津贴,引导幼儿园聘用合格教师,鼓励教师参加专业课程培训和学历进修,提高教师的整体素质;发放"一笔过学校发展津贴",支持幼儿园开展各项专业活动,提高保教质量。面向适龄儿童、幼儿教师和幼儿园的立体式学前教育支持体系,使保教质量逐步提高,并吸引更为广泛的适龄儿童接受学前教育;同时,适龄儿童入园率的提升,进一步刺激学前教育的供应,供与求之间形成良好的互动关系,促使学前教育行业逐渐走上良性发展的轨道。

其三，精细、规范化的管理，有效提高财政资金的使用效率。尤其值得借鉴的是，香港特区政府在一系列学前教育政策下，设计了一整套操作性极强的规范化管理制度。例如，对于参加学前教育券计划的幼儿园，专门制定了《参加学前教育学券计划的幼稚园开支范围的主导原则》，该原则不仅规定幼儿园的"开支基本上应用以支援教与学活动、营办幼稚园及维持教育服务水平"，更详细列出可开支的具体内容，包括"教学人员及非教学人员的薪金、公积金、强制性公积金及长期服务金""校监获委任在幼稚园执行职务的酬金或薪金""校舍租金、管理费、差饷及地租"等十五项内容。此外，香港特区政府制定了《学前教育学券计划资格评估申请指引》《学前教育学券常见问与答》等一系列操作性文件，加强社会宣传，指导相关人员和机构规范操作。

为促进非牟利幼儿园的发展，香港特区政府还制定了《学前教育学券计划下的质素评核架构》《学前机构质素评核架构》等一系列质量评估文件，规定所有参加学前教育券计划的幼儿园均须参加质素评核，质素评核既有幼儿园的自评，也有家长和社会的评价，还有教育行政部门组织的评定，从制度设计上推动幼儿园不断"改善求进"。

香港特区政府十分重视以评估促发展。在制度设计中，政府先明确质素评核的基本标准，幼儿园可根据本园情况制定幼儿园的发展计划，并在规定时段内逐步改进存在问题，达到政府规定的标准，届时未达标的幼儿园须返还相关经费。这种人本化运作机制，有利于调动更多幼儿园加入学前教育公共服务体系，并在这一过程中不断改进办学行为，逐步提高保教质量，同时，也使财政经费的效益最大化。

三、中国内地关于政府购买学前教育服务的实践及其启示

2010年,国务院颁布《关于当前发展学前教育的若干意见》,明确"鼓励社会力量以多种形式举办幼儿园。通过保证合理用地、减免税费等方式,支持社会力量办园。积极扶持民办幼儿园特别是面向大众、收费较低的普惠性民办幼儿园发展。采取政府购买服务、减免租金、以奖代补、派驻公办教师等方式,引导和支持民办幼儿园提供普惠性服务",自此,各级政府对学前教育的财政投入大幅增加,政府购买学前教育服务的积极性明显提高。

(一)深圳市关于政府购买学前教育服务的实践及其启示

深圳市现有幼儿园1 186所,其中,民办幼儿园1 125所,占94.86%;公办幼儿园61所,占5.14%。① 为推进学前教育发展,2012年,深圳市制定了《深圳市学前教育专项经费管理暂行办法》,该办法规定,学前教育专项经费主要用于以下十一项内容:对本市户籍和符合规定条件的非本市户籍的3~6岁儿童提供健康成长补贴;对本市户籍家庭经济困难儿童、烈士子女、孤儿和残疾儿童给予保教费资助;为幼儿园购买学生人身伤害校方责任险,为自愿参加人身意外伤害险的在园儿童提供保险费用资助;对符合政府规定条件的普惠性幼儿园提供奖励性补助;对规范管理、安全办学的幼儿园给予奖励,对通过教育督导部门组织的各类教育教学评估的幼儿园给予奖励,对获得市级以上(含市级)政府表彰的学前教育先进单位和个人给予一次性奖励;对幼儿园开展省级(含省级)以上教科研课题

---

① 深圳市教育局.深圳市普惠性幼儿园财务监管制度研究报告("普惠性民办园政策研究"结题报告)[R].内部资料,2013.

研究给予一次性资助;对长期(3年以上,含3年)在幼儿园工作的保教人员(在编人员除外)依据连续从教年限给予长期从教津贴;对市教育行政部门组织开展的幼儿园园长、民办幼儿园举办者、骨干教师和保育保健人员、安全管理人员、幼教管理干部培训进行资助;对市教育行政部门组织开展的早期教育科学指导活动进行资助;学前教育管理费用,包括市教育行政部门发布幼儿园办学信息、组织项目评审、开展年度审计、专项审计和专项研究、建设及维护学前教育管理网络平台等;其他经市政府同意安排的项目。

为解决"入园贵"的难题,深圳市在《深圳市学前教育发展行动计划(2012—2013年)》提出:到2013年,依法设立、办学规范、收费合理稳定、教职工待遇较好、面向大众的普惠性幼儿园的比例达50%;到2015年,普惠性幼儿园比例达60%以上。深圳市2013年民生实事工程包括"在每个条件成熟的社区至少建一所普惠性幼儿园"。

深圳市向普惠性幼儿园提供奖励性补助,补助经费为每年每班4万元。申请此项补助须满足两个条件:一是幼儿园保教费标准最高不超过840元/月的限额,并承诺三年内保持稳定;二是教职工工资总额不低于保教费总收入的40%,且教师最低工资不低于深圳市最低工资标准的1.5倍。[①]

2013年深圳市最低月工资标准为1 600元,幼儿教师的月工资普遍为2 400元。一名儿童一个月的保教费支出占最低工资标准的

---

① 深圳市教育局.深圳市普惠性幼儿园财务监管制度研究报告("普惠性民办园政策研究"结题报告)[R].内部资料,2013.

50%以上,占幼儿教师月收入的三分之一以上,其中,还不包括幼儿的吃穿用度。可见,"入园贵"的难题并未在深圳市得到有效解决。

深圳市学前教育发展状况一直饱受业内和社会的诟病,分析其存在的问题,并引以为鉴,同样具有积极意义。

其一,深圳市政府用于购买学前教育服务的经费严重不足。目前,深圳市以"奖励性补助"的形式,向民办幼儿园购买服务,并要求其降低保教费标准,聘用合格的师资。"奖励性补助"的标准为每年每班4万元。按平均每班30人的班额标准计算,政府实际用于购买学前教育服务的经费仅为每名儿童每年1 333元。学前教育成本若按每人每月951元的标准计算,政府购买学前教育服务的经费仅占成本的11.67%。

学前教育服务是一种准公共产品,国家、社会、个人均可从中受益。依据"谁受益,谁支付"的原则,服务成本可由受益人分担,由于作为国家和社会代言人的政府部门出价过低,个人承担部分必然会提高。深圳市政府对学前教育投入过低,不仅反映出政府未能在学前教育公共服务中尽职,也在一定程度上损害了学前教育公益性的本质。

目前,深圳市普惠性幼儿园的教师工资普遍在2 400元左右,按一个班级配置两名教师的标准计算,带班教师工资仅占班级保教费收入的16.82%。深圳市在《深圳市普惠性幼儿园管理暂行办法》中规定:"全园教职工工资总额占当年保教费收入的比例不低于40%。"事实上,在对全国东、中、西部各地区幼儿园教职工工资的调查中发现,幼儿园人员经费在幼儿园支出中占比最大,约为62%。①平均工资及生活成本均在全国名列前茅的深圳市,其幼儿园教职工工资支出比例竟远远低于全国平均水平,仅从保教人员的境遇看,实在难以想象深圳市能够拥有一支高素质的保教队伍。

由于财政资金所占比例偏低,因而相关政策对幼儿园缺乏号召力和威慑力,教育行政部门担心强行要求幼儿园提高教职工工资,会压缩举办者获取"合理回报"的空间,并将直接导致幼儿园退出"普惠性幼儿园"队伍,进而有可能进一步推高幼儿园保教费价格。

比较香港的学前教育券政策,政府按每名幼儿每年1.6万港元的标准拨付,由于出具了适当的价格,吸引了一大批私立幼儿园加入学前教育券计划中来,幼儿园办学条件得到改善,师资队伍得到优化,学前教育质量得到快速提升,学前教育事业步入良性发展轨道。

可见,在市场运作过程中,价格是关键,它不仅影响到所购服务的质量,甚至还会影响整个学前教育行业的发展。

其二,深圳市对学前教育的财政投入过于分散、零碎,且财政投入具有不确定性。《深圳市学前教育专项经费管理暂行办法》既未明确学前教育财政投入的金额,也没有明确学前教育财政投入占同级教育财政投入的比例,更没有明确学前教育财政投入占财政收入的比例,这就导致学前教育财政投入具有很大的不确定性,投入资金往往仰仗领导的一时兴起,学前教育经费难以得到保障。

---

① 柏檀."普惠性民办园管理与政策研究"结题报告之成本核算调查报告("普惠性民办园政策研究"结题报告)[R].内部资料,2013.

《深圳市学前教育专项经费管理暂行办法》规定了对学前教育财政投入的具体内容,包括对儿童的健康补助、保险补助,对教师的长期从教津贴,对幼儿园的科研奖励等,这些项目固然重要,但内容过于分散、零碎,且未能把握好财政投入的优先顺序,未能抓住学前教育服务的关键,致使财政投入实效欠佳。若能把所有资金汇集起来,集中力量办一件事,如学习美国,优先解决低收入家庭儿童的学前教育问题,或许效果会更好。

可见,财政投入具有科学性,投什么,先投谁,如何投,都有学问。科学投资,事半功倍;率性而为,很可能连水花也没有一朵。

(二)绍兴市关于政府购买学前教育服务的实践及其启示

近年来,浙江省绍兴市幼儿教师紧缺,公办幼儿园因受编制制约,聘用了大量非在编教师,这些非在编教师的收入大大低于在编教师,导致教师队伍不稳定,优秀教师纷纷跳槽转行。而民办幼儿园的师资质量更是薄弱,教师流动更大。看到不景气的就业前景,一些学前教育专业的毕业生干脆一毕业就直接转行,合格幼儿教师严重匮缺。

为遏制恶性循环的势头,吸引优秀教师入职,绍兴市制定了《关于加快市区学前教育发展的意见》,提出四项实施措施。

一是设立在职非公办幼儿教师专项补助。对符合条件的、在职非在编幼儿教师实行专项经费补助,补助标准为每人每年 15 000 元。

二是设立师范类毕业生补助。对在职非在编幼儿教师中初始学历为大专及以上学历,且是学前教育专业的师范类毕业生,并经考核工作实绩为优良的,在专项补助的基础上,每人每年再增加

5 000元的补助。

三是设立幼儿教师在职进修奖励。对在本区幼儿园从教两年及以上年限,并承诺继续从事学前教育工作的教师,在职进修获得大专学历的,一次性奖励1 500元;获得本科学历的,一次性奖励3 000元。

四是设立继续教育培训补助。支持教师、园长参加在职继续教育培训,培训经费为每人每年300元,由财政经费拨付。[①]

为使财政投入真正发挥实效,绍兴市下属各区县根据实际,制定了一系列操作、考核办法。如绍兴市越城区制定了动态考核细则,具体内容如下。

其一,对申请在职非公办幼儿教师专项补助的幼儿园实行涵盖幼儿园园舍条件、队伍建设、行政管理、保教质量等四大方面的全面评估。

其二,每年制定几个项目进行重点突破。如2007年把教师持证上岗情况、职称评定情况、工资待遇情况作为评估重点。每年确定几个重点项目,逐年进行规范整治,逐步提高学前教育质量。

其三,将涉及依法办学、幼儿安全等事项作为"一票否决"内容,杜绝了供餐未取得食堂卫生许可证、使用无证车辆接送幼儿、违规向幼儿收费、未为教工缴纳社会保险等情况。

其四,根据考核等第,发放教师补助。区教育局组织力量对幼儿园进行考核,确定幼儿园的考核等第;幼儿园组织力量对教师进

---

① 绍兴市越城区教育局.加大扶持管理力度,促进科学协调发展——对普惠性民办幼儿园实施扶持和管理的实践研究("普惠性民办园政策研究"结题报告)[R].内部资料,2013.

行考核,确定教师的考核等第。考核结果经公示无异议后,教育局根据幼儿园及教师个人的考核等第将补助经费发放到教师个人账户。

绍兴市的教师补助政策吸引了大批学前教育专业毕业生进入幼儿园工作,幼儿园专职教师学历合格率达100%,教师资格持证率达95%,大专及以上学历达88%。师资队伍素质的提升,带动了幼儿园办学质量的提高,社会评价也随之提高。2013年,绍兴市审计局在对学前教育的测评中发现,儿童家长对教师的专业化水平、教育态度和方法、责任心的满意度为95.82%,对所在幼儿园的满意度为98.33%。[1]

绍兴市政府购买学前教育服务的实践案例给我们的启示主要包括以下几个方面。

其一,抓住关乎学前教育质量的关键——教师。教师队伍的收入与其专业素质、工作能力、工作态度高度相关,高收入可以吸引和留住高素质人才;低收入不但会带来低素质教师和高比例的教师流动,还会影响在职教师的工作态度和工作效率,使学前教育对儿童、家庭、社会的贡献效益大打折扣。打折扣的学前教育会影响个人、社会、国家对学前教育投入的积极性,导致学前教育资金短缺,并进一步影响幼儿教师的收入。如此恶性循环,将从根上阻碍和破坏学前教育事业的发展。

绍兴市政府抓住关乎学前教育质量的关键,制定稳定教师队

---

[1] 绍兴市越城区教育局.加大扶持管理力度,促进科学协调发展——对普惠性民办幼儿园实施扶持和管理的实践研究("普惠性民办园政策研究"结题报告)[R].内部资料,2013.

伍、吸引专业师资、鼓励教师在职培训等一系列政策,直接对教师进行补助,提高教师收入。这一系列政策,大大提升了幼儿教师群体在社会中的地位,有效吸引了优秀人员加入学前教育队伍。高素质人才的加入以及随之带来的积极的工作态度和较高的工作效率,可以向社会提供高质量的工作回报,提高学前教育对个人、家庭、社会的贡献效益,并赢得社会认可和赞誉,从而激发社会和家庭投入学前教育的积极性,促使学前教育获得正向、良性发展。

其二,以补助教师为支点,撬起整个学前教育事业的发展。政府补助,不仅可以提高在职教师的收入,也能吸引高素质人才加入幼儿教师队伍,并由此提高幼儿园办学水平,这大大激发了幼儿园举办者帮助教师获取补助的愿望。绍兴市就是以此为支点,出台了一系列要求幼儿园规范办学、提高质量的政策,并针对幼儿园办学过程中的顽疾,逐年逐项进行根治。

首先,绍兴市要求申请教师专项补助的幼儿园进行年度考核,幼儿园考核在职教师,教育行政部门考核幼儿园。幼儿园考核合格,可获得此项补助;幼儿园再根据教师考核的等第,给予教师相关补贴,绍兴市以此发动幼儿园举办者和教师共同提高保教质量。其次,绍兴市针对一些幼儿园未为教师缴纳社会保险、教师工资过低等情况,要求幼儿园举办者进行整改,督促幼儿园进一步改善教师待遇。第三,绍兴市要求幼儿园举办者增加投入,改善办园条件,整治"无证食堂""无证校车"等安全隐患。

可以说,绍兴市找准了支点,有力推进了学前教育事业的发展。

（三）上海浦东新区关于政府购买学前教育服务的实践及其启示

上海浦东新区政府购买的学前教育服务主要有三大内容：一是购买学位，用以向3~6岁常住儿童提供学前教育服务；二是向民办幼儿园提供软硬件支持，以提高学前教育服务的质量；三是向教育中介机构购买管理类、评估类服务，促进学前教育规范化、均衡化、优质化发展。

1. 向民办幼儿园购买学位

浦东新区向辖区内3~6岁常住儿童提供普惠性学前教育服务，服务成本由政府及儿童家庭分担，其中，政府承担85%左右，家庭承担15%左右。以2012年为例，该年度学前教育生均经费为15 665元，其中，儿童家庭承担2 250元。①

随着浦东的开发开放，土地资源日渐金贵，在中心城区靠个人或民间组织建造幼儿园几乎已不可能。为支持民办幼儿园发展，2005年起，浦东新区通过公开招标的方式，将部分教育部门所属的公建配套幼儿园交由社会力量举办民办幼儿园；同时，教育局再向这些民办幼儿园回购一定数量的学位，用以提供给该公建配套服务区域内的适龄儿童。浦东新区教育局与民办幼儿园签订协议，规定民办幼儿园必须优先招收公建配套服务范围内的"地段生"，并让其享受与公办幼儿园同等的保教费标准，"不得以兴趣班、特色班名义向地段生另外收取费用"；教育局以购买服务的形式，给予民办幼儿园"地段生生均补贴"和"减免园舍租金"的优惠。

---

① 上海市浦东新区教育局.浦东新区教育局年度财政报告[R].内部资料,2012.

"地段生"到对口民办幼儿园报名后,由幼儿园负责收集、审核幼儿的资格材料,交由教育部门核准后,教育局以招收"地段生"的人数及上年度新区财政生均水平的一定比例为依据,给予民办幼儿园"地段生"生均经费补贴。2010—2012年,新区共对10 776人次的适龄儿童实行"地段生"补贴,共计补贴经费2 530.2万元。同时,对招收"地段生"的民办幼儿园,按"地段生"占该园在园幼儿的比例,给予"减免园舍租金"的政策,"地段生"达到20%及以上比例,即可享受园舍租金减免,如果民办幼儿园"地段生"达到40%,不仅可以得到来自政府的"地段生"生均补贴,还可以享受"零租金"租赁园舍的优惠政策。2010—2012年间,每年有20多所民办幼儿园可享受租金减免政策,共计减免经费1 155.5万元①。

"地段生"政策,不仅使市场上增加了多样化、个性化的学前教育服务产品,为适龄儿童提供了众多可选择的学前教育服务;而且保障了"地段生"享受与公办幼儿园同等价格的普惠性学前教育服务的权利,未增加"地段生"家庭额外经济负担;同时,还为民办幼儿园提供了稳定的生源,开辟了民办幼儿园发展的"绿色通道"。

2. 向民办幼儿园提供软硬件支持

浦东新区是一个区域广阔、人口多元的新兴城区,是国家综合配套改革试验区和改革开放的前沿窗口。浦东新区占据上海市六分之一的地域和四分之一的人口,这里,即便是土生土长的本地人,成分也十分复杂,有沿黄浦江成长的海派文化熏陶下的中心城区居

---

① 上海市浦东新区教育局.浦东新区学前教育阶段政府向民办幼儿园购买服务的报告[R].内部资料,2012.

民,也有靠东海生存的农耕文化浸润下的郊区农民,更有来自世界各地的专家友人、来自全国各省市的精英人才,以及支援浦东建设的农民工兄弟。不同的文化、经济、教育背景,使得他们对子女的教育需求多元而复杂。

满足多元需求是民办幼儿园的长项和职能。浦东新区有民办幼儿园99所,园舍101个,占全区幼儿园总量的24.69%。这些民办幼儿园主要分两类:一类是为满足多元化、个性化需求的普通民办幼儿园,另一类是为满足基本教育需求的,以招收农民工同住子女为主的民办三级幼儿园。

"规范"与"多元"是浦东新区民办幼儿园发展的重点。浦东新区政府发挥财政的激励作用,以"奖补"的方式,引导和鼓励民办幼儿园缴纳教师年金,稳定教师队伍;设立专项经费,进行教师培养;增加资金投入,开展内涵建设,并逐步形成了政府和社会投入并重、行业多渠道筹资、政府多方位支持的筹资体系,鼓励和指导民办幼儿园不断规范办学行为,打造多元、优质的服务产品。

其一,加强民办三级幼儿园安全设施建设。根据民办三级幼儿园设置标准低、硬件设施差的实际情况,浦东新区制定了《关于促进农民工同住子女学前教育工作的财政扶持意见》,对经审批获得办学许可的民办三级幼儿园给予一次性安全和保教设施设备财政扶持,扶持标准以在园儿童人数计算,每生500元,大大改善了民办三级幼儿园硬件设施差、玩教具匮乏的困难。

其二,加强民办幼儿园教师在职培训。浦东新区将所有民办幼儿园教师都纳入与公办幼儿园教师统一的培训渠道,进行教师在职培训,五年内,每名教师须完成360课时的在职培训;同时,制定《关于促进农民工同住子女学前教育工作的财政扶持意见》,规定"根据民办三级幼儿园和学前儿童看护点的不同特点,开展人员培训,培训经费参照公办教师培训标准计算,纳入教育局师资培训经费预算"。

其三,开展公办幼儿园与民办三级幼儿园结对带教活动。针对民办三级幼儿园教师中新入职人员多、非学前教育专业毕业生多的特点,浦东新区启动对民办三级幼儿园的结对带教活动,由47所公办幼儿园与47家民办三级幼儿园一一结对,签订带教协议,制定带教目标,开展岗位结对、师徒牵手、问题共研等一系列带教活动。对此,财政给予极大支持和倾斜,给予每对结对单位带教经费5万元,共计235万元。①

其四,积极鼓励民办幼儿园开展达标创优建设。为激励民办幼儿园根据自身特点,加强内涵建设,不断提高办学质量,浦东新区教育局和财政部门联合制定了《浦东新区民办教育发展政府专项资金管理办法》,明确在教育科研、师资培训、课程改革等方面根据项目内容,给予财政支持。同时,对通过上海市一级幼儿园评审及在民办幼儿园质量认定中获"优良"的幼儿园实施5万~8万元的奖励。

3. 向教育中介机构购买服务

随着教育改革的推进,幼儿园逐渐成为教育市场中独立运行的发展主体。为配合教育市场的管理,一些教育中介机构孕育诞生,

---

① 上海市浦东新区教育局.浦东新区教育局年度财政报告[R].内部资料,2013.

并延伸、细化教育部门的功能,协助教育部门开展管理和指导工作,形成教育行政部门与社会组织的良性互动态势。浦东新区抓住这一契机,向教育中介机构购买管理类、评估类服务。

其一,浦东新区教育局委托评估类中介机构定期对民办幼儿园进行跟踪评估,发现问题及时督促整改,并加强对整改情况的复查,确保财政经费发挥实效。具体措施如下。

委托教育评估事务所定期对租赁公建配套园舍的民办幼儿园进行"'地段生'政策执行情况"专项评估,督促民办幼儿园根据合同让"地段生"享受与公办幼儿园同等的保教费标准,同时,对民办幼儿园的服务质量进行监管。对于评估不合格的幼儿园,浦东新区政府责令其限期整改;情节严重的,不再与其签订园舍租赁协议。

委托教育评估事务所每两年进行一次民办幼儿园质量认定,从依法办学、保教质量、队伍建设等多个方面督促和指导民办幼儿园不断改善办园条件、提高办园质量。

委托会计师事务所每两年进行一次民办幼儿园财务检查,从制度建设、经费使用、会计核算等多个方面指导和督促民办幼儿园规范财务工作。

其二,委托管理类中介机构管理公办幼儿园,助推新开办或薄弱公办园优质化进程。管理机构作为责任主体,通过输出管理理念、管理模式,帮助托管幼儿园培训师资、建设课程等,推进托管幼儿园加速成长,并使其在三年内完成由普通幼儿园到优质幼儿园的提升。

为了让托管幼儿园高起点发展,各管理机构在筹建阶段就全面参与幼儿园的各项工作，从园舍装修到设备添置，从人员招聘到在职培训，从基础课程实施到特色课程创建，在一轮轮的帮教、对话、反思中，各托管幼儿园获得了快速成长，办园水平实现了质的飞跃。

浦东新区教育局要求各管理机构在向托管幼儿园"输血"的同时，还应加强培育其"造血"功能。目前，已结束三年托管工作的19所幼儿园全部顺利通过上海市一级幼儿园验收，迈入优质幼儿园行列，且后继发展势头良好。

其三，委托行业协会管理民办幼儿园。浦东新区学前教育协会是经社团登记管理机关批准登记的一个社会团体。核准的业务范围包括学前教育行业协调、学术研究、信息交流、培训、咨询服务、资质审查、办学视导、评估。浦东新区教育局将管辖范围内针对民办幼儿园的部分管理事务委托学前教育协会办理。委托管理的事务包括：① 协助教育局办理向上级教育行政部门申领和换发《民办学校办学许可证》事务；② 协助教育局受理民办学前教育机构有关变更的申报材料；③ 督促民办学前教育机构依法进行招生简章和广告备案；④ 督促民办学前教育机构完成年度办学统计；⑤ 指导和督促民办学前教育机构进行年度检查；⑥ 及时向教育局提供可向社会公众发布的幼儿园信息；⑦ 根据与教育行政部门协商确定的培训项目，不定期组织民办学前教育机构园长、管理人员、教师和保育人员进行培训；⑧ 督促民办学前教育机构加强保教工作管理，组织专家队伍对各民办学前教育机构进行视导和评估工作；⑨ 搭建平台，组织多种形式的交流活动，帮助民办学前教育机构互通信息、借鉴经验、专题研讨，不断提高普通民办学前教育的保教质量；⑩ 督促民办学前教育机构规范收费、退费行为,做到收费项目和标准依法备案并公示,督促接受政府购买学位的民办幼儿园严格根据园所使用协议,规范"地段生"收费项目和收费标准;⑪ 定期总结经验,组织宣传表彰活动。

同时,教育局委托学前教育协会组建视导队伍,不定期对民办三级幼儿园进行现场追踪视导,建立教育行政部门与行业协会之间的联动机制:由行业协会组织人员进行视导并提出整改意见,通报教育行政部门;由教育行政部门督促相关幼儿园进行整改;整改期满后,由行业协会再度派员复查,并将复查结果报教育行政部门。通过这样一种"贴身"式的循环跟踪视导,引领和督促民办三级幼儿园不断规范办学行为,并逐步拉升了浦东新区学前教育的"底线"。

4. 浦东新区政府购买学前教育服务政策的启示

浦东新区政府购买学前教育服务的实践起步较早,运作较为规范,其购买服务的基本程序为:制定方案,向财政部门申报预算;公开招标,择优选取卖家;签订契约,明确双方权利义务;过程监控,及时查漏补缺;加强评估,验收服务质量;按约付款,履行合同约定。

在实践过程中,浦东新区不断反思问题、总结经验,逐步丰富和完善购买服务的政策。浦东新区政府购买服务给我们的启示有以下几点。

其一,形成一整套促进学前教育发展的政府购买服务政策。浦东新区逐步形成面向适龄儿童的学前教育服务供给政策、面向幼儿园的学前教育服务质量支持政策,以及面向教育中介机构的学前教育服务质量监控政策。各类政策之间形成相互联系、相互制约、互动共赢的关系,并形成"组合拳",共同架构起立体式学前教育公共服务体系,促进学前教育事业的发展。

其二,建构起满足不同需求的学前教育服务供给体系。目前浦东新区有公办幼儿园181所,园舍308个,公办学前教育资源占总量的75.31%。占据绝大多数的公办幼儿园承担了浦东新区四分之三以上的适龄儿童的学前教育。

就目前政府掌握的学前教育资源及对学前教育的财政投入而言,浦东新区完全有能力满足所有沪籍儿童的入园需求。问题是政府提供的普惠性服务无法满足部分儿童对学前教育多样化选择的要求,而提供个性化的、可供选择的学前教育服务恰恰又是社会经济发展到一定程度后,人们对公共服务的更高层次的要求,也是政府应该履行的职责。浦东新区将部分公建配套幼儿园通过公开招标的方式出租,吸引社会力量举办优质、多样的学前教育,同时运用购买服务的方式确保"地段生"权利,在公共服务体系中留出了一定的空间,较好地满足了部分适龄儿童个性化追求。

同时,通过政策扶持和财政扶持两种方式,鼓励社会力量举办以招收农民工同住子女为主的民办三级幼儿园,满足农民工子女接受学前教育的基本需求。

这样,浦东新区通过科学地调配财政资源,智慧地建构起满足不同背景、不同需求的多层次、多样化的学前教育服务供给体系。

其三,始终保持着高比例的普惠性学前教育服务的保有量。介于学前教育对个人、家庭、社会的高度贡献,浦东新区始终十分重视学前教育,并且每年投入大量财政资金。数据显示,2010年,浦东新区财政性学前教育经费达 5.95 亿元,占同级财政性教育经费的比例达 12.22%;2011 年,浦东新区财政性学前教育经费达 8.8 亿元,占同级财政性教育经费的比例达 15%;2012 年,浦东新区财政性学前教育经费达 10.29 亿元,占同级财政性教育经费的比例达 15.62%。[①] 持续大量的投入,使浦东新区的公办幼儿园得到稳定发展,并占据着"控股"地位,对平抑民办幼儿园价格发挥了关键作用;同时,政府通过购买学前教育服务政策,分摊了民办幼儿园的部分办学成本,有效降低了民办幼儿园的保教费价格。因此,浦东新区的普惠性学前教育服务始终占据着 90%左右的保有量,保障着绝大多数适龄儿童能够以低廉的价格享受学前教育服务。目前,浦东新区有 80%的幼儿园保教费标准在每生每月 200 元左右,这一收费标准,仅为上海市最低工资标准的八分之一,为上海市平均工资标准的二十八分之一。

四、政府购买学前教育服务的比较分析

纵观美国、中国香港及中国内地政府购买学前教育服务的实践发现,作为一种政策工具,政府购买学前教育服务的举措不仅与当地社会、经济、文化密切相关,而且与施政者的价值取向、当地学前教育发展状况等紧密相连,并由此导致在不同社会发展水平、不同经济文化背景、不同价值取向下,形成不同特点的政府购买学前教育服务政策。

---

① 上海市浦东新区教育局.浦东新区教育局年度财政报告[R].内部资料,2013.

在美国，联邦政府及各州政府购买的学前教育服务主要惠及低收入家庭的儿童，当幼儿园在读低收入家庭儿童达到一定比例时，该园方可成为政府的采购对象。通过政策的巧妙设计，美国政府及州政府不仅为弱势儿童提供了接受学前教育服务的机会，同时也有效激发了社会组织参与供应学前教育服务的积极性，并使"不让一个儿童落伍"的目标落实到位。

在中国香港，政府把学前教育券交给每个适龄儿童的同时，也把受教育的选择权赋予了儿童，适龄儿童可以选择利用学前教育券在非牟利幼儿园就读，也可以选择自费接受个性化的学前教育服务。由于只有在符合要求的非牟利幼儿园才可使用学前教育券，这使得大批幼儿园加入非牟利队伍中，也使非牟利幼儿园在政府支持下得到快速发展。学前教育券政策撬起了整个香港学前教育服务体系，使适龄儿童受教育权利得到保障，学前教育公益性得到伸张，公益性学前教育服务的质量得以提高、规模得以扩大。

在绍兴，政府把对教师的资助作为购买学前教育服务的一项重要内容，由政府出资补助民办幼儿园教师，对民办幼儿园而言是一个极大的利好，但绍兴市政府规定，只有一个班级配足两名教师，且在岗教师都具有教师资质，并经考核合格的幼儿园，方可得到政府的资助。绍兴市政府抓住保教质量的关键——教师做文章，并以此推动民办幼儿园加强教师队伍建设，改善办学条件，提高办学质量。

在上海浦东新区，政府购买学前教育服务的范围不再局限于为适龄儿童提供学位，而是进一步扩大到学前教育管理类、评估类、视导类服务；把出售学前教育服务的对象，由办学实体进一步扩大到教育中介机构。第三方中介机构的介入,构建起"管""办""评"分离的体制,不仅促进了浦东新区学前教育均衡化、优质化进程,而且调动起更多的社会组织参与到公共服务的供应链中,共同构筑由政府部门和社会组织合作共建的和谐社会。

由于境内外社会、经济、文化不同,各地政府购买学前教育服务的运作方式各不相同。在对各地成功案例的背景、特征、优势、问题进行比较、分析后,发现如下一些规律。一是根据本地区的迫切需要或关键症结确定购买服务的具体内容。例如,在社会经济发达的美国,普通民众有能力为学前教育买单,但对低收入家庭而言,学前教育可能就是奢侈品,为此,联邦政府及州政府将购买学前教育服务的重点放在针对低收入家庭儿童身上,从而达到"不让一个儿童落伍"的目的;在我国绍兴,针对师资薄弱的难题,政府将购买服务的内容定位于扶持民办幼儿园聘用合格教师和规范用工上,取得了以点带面、全面提高学前教育质量的目的。二是出具合理、适中的服务价格。毋容置疑,在交易过程中,作为主体的政府部门位于强势地位,如果政府部门通过行政手段,以过低的价格购买服务,势必导致作为客体的卖家转嫁或压缩服务成本,进而影响服务质量,香港和深圳的案例从正、反两个方面说明了这一问题。三是将所购服务组成相互制约、相互补充的"组合拳"。无论是美国、中国香港,还是中国上海的浦东新区,在向办学实体购买学位的同时,都不约而同地向教育中介机构购买了评估类产品,政府部门借助第三方力量,通过客观、公正、专业的评估,督促办学机构提高服务质量,考查财政资金使用绩效,为政府决策提供依据和参考。四是加强宣传,严格管理,提高政策的知晓率和执行力。在这里,美国和我国香港地区为我们做出了典范,美国以法律的形式,通过学前教育财政投入的法案,并借助现代信息技术广而告之,受众可通过网络申报,方便、简洁,有利于更多符合要求的儿童享受到这一政策;我国香港地区以"常见问题问答"的方式,详细解释政策的普惠对象、要求、申报程序等,使政策得以落实。

第四章 政府购买学前教育服务的影响因素与成因分析

购买学前教育服务是政府为履行向社会提供公共服务的职能而采取的一种政策措施。政府购买学前教育服务的规模、水平和质量,不仅反映出政府对学前教育的态度及其执政能力,还关系到政府的信誉度和对民众的影响力;同时也关系适龄儿童的福利,并影响受益儿童的未来成长;更对社会的稳定及其后继发展产生着深远影响。

所谓规模,是指区域内学前教育的范围、场面,如10班规模、100班规模等;所谓水平,是指学前教育年限,如学前三年教育、学前一年教育等;所谓质量,是指学前教育服务的优劣程度。

影响政府购买学前教育服务规模、水平和质量的因素是多方位的,既有交易市场的因素,如买卖双方、服务产品、财政资金及市场环境等;也有交易市场外的因素,如当地公办幼儿园的情况、相关政策制度、社会舆论和民众需求等,市场内外诸多因素交互作用、相互影响,推动着学前教育市场的现实运动,影响着政府购买学前教育服务的规模、水平和质量。

一、买家是关键

作为交易主体,政府部门的态度至关重要,它决定着买与不买,决定着买多买少,决定着买好买差,而影响政府态度的主要因素是对作为公共行政权力的承载体和实际行为体的政府的职能定位,以及对学前教育的认识。

美国联邦政府及各州政府之所以启动对低收入家庭儿童的资助计划,正是因为相关研究表明,学前教育对个人、家庭、社会都具有正外部性,学前教育能够提高个人素质,增强个人生存能力,改善个人及其家庭的生活状况和发展前景,增进社会稳定和促进社会经济发展。美国政府接受了这一观点,并把学前教育作为强国富民的重要战略举措。考虑到低收入人群经济承受能力较差,为保障弱势家庭儿童接受学前教育,"不让一个儿童落伍",美国政府通过向社会组织购买学前教育的形式,制定并实施针对低收入家庭儿童的资助计划。

香港特区政府把供应学前教育服务作为政府职责,认为无论贫富贵贱,凡香港居民及具有香港居留权的适龄儿童都拥有平等的权利,为此向所有符合条件并愿意接受政府提供服务的儿童发放学前教育券,从而架构起全覆盖的、庞大的学前教育公共服务体系。自2007年起,香港特区政府每年花费巨资,以学前教育券的形式,向非牟利幼儿园购买学前教育服务,由于学前教育券面向所有香港居民及具有香港居留权的适龄儿童,且受益年限长达3年4个月,香港的学前教育规模快速扩大,尤其是在与深圳接壤区域,为接纳常年居住在深圳的香港居民,大量幼儿园"招兵买马",增班扩容。在学前教育券实施之后,香港特区政府又陆续出台了一系列补助教师、资助幼儿园的政策,这些政策使香港的学前教育在短期内获得极大发展。

正是由于买家是购买学前教育服务的决定因素,因此政府如何决策显得尤为重要。美国政府针对处境不利儿童实施的开端计划(Head Start)是建立在大量的对学前教育绩效研究及对处境不利儿童发展研究的基础上做出的决策,并以法律的形式予以保障。跟踪研究表明,这一决策不仅使大批来自低收入家庭儿童受益,同时也促进了社会稳定和经济发展。但在中国境内,政府购买学前教育服务的决策程序尚不完善。一些地区,看看"盘子"里有钱,就向民办幼儿园"撒"一点儿;"盘子"里没钱,就算了。也有一些地区,发现某位领导重视,就给学前教育多拨些钱;看看领导没"声音",学前教育就进入了"被遗忘的角落"。这使得政府购买学前教育服务存在很大的随意性和无计划性,并严重影响政府购买学前教育服务的效率。

二、卖家是基础

买卖过程中,买与不买取决于买家,但有没有商品可卖、有多少商品可卖、有什么样的商品可卖,都取决于卖家,因此,卖家是商品交易的基础,是影响政府购买学前教育服务的另一重要因素。

上海浦东新区曾发生过这样一个真实的事件:2010年,该区对"民办幼儿园质量认定""民办幼儿园设园评估""公办幼儿园委托管理情况评估""民办幼儿园'地段生'政策执行情况专项检查""民办幼儿园财务检查"五个项目进行公开招标,根据评估要求,前四个项目向教育评估事务所招标,最后一个项目向会计师事务所招标。由于市场上有足够多的会计师事务所,招标公告一公布,就有8家会计师事务所前来应标。但教育评估事务所却严重不足,两次招标公示后,方才凑足4家教育评估事务所,其中有一家买了3份标书。很不巧,正式开标那天意外暴雨,有3家教育评估事务所和2家会计师事务所因道路堵塞而迟到,承担此次招标项目的招标公司根据《招标法》规定,拒收在规定时间后送达的投标文件,相关应标人被取消资格。一次意外的暴雨,使原本应标者寥寥的四个教育类评估项目,一下面临无人应标的窘境,后经专家组集体商议,唯一一家按时到场的教育评估事务所连中3个项目(因其提交了3项标书),另有1个项目因无人应标而流标。原本想广种薄收的那家教育评估事务所一下子连中3项标书,一时间手忙脚乱,疲于应付,评估质量可想而知。而唯一一项财务类评估项目,有6家会计师事务所到场,经激烈竞争而胜出的会计师事务所,工作十分敬业,不仅查出了民办幼儿园财务工作中存在的诸多问题,还尽心尽力地对民办幼儿园进行指导。这一案例,从正、反两个方面反映出卖家对政府购买服务的巨大影响,同时也折射出目前市场上教育中介机构严重不足的窘境。

影响卖家的因素是多方面的,如商品价格、专业队伍等,其中,政府购买学前教育服务的政策不仅影响着卖家的生存与发展,也引导着卖家对产品的开发与生产。

为鼓励幼儿园招收低收入家庭儿童,美国政府规定,只有当在读的低收入家庭儿童达到90%时,幼儿园才可成为政府购买服务的对象,这一政策不仅促使一些幼儿园在招生时优先考虑低收入家庭儿童,而且还积极主动地到社区宣传,动员低收入家庭的儿童入园。为吸引儿童入园,一些幼儿园还主动提供延时服务、开设针对少数裔儿童的语言教学等,这些行为从客观上增加了政府购买学前教育服务的体量,并使政府"不让一个儿童落伍"的目标得到落实。

香港特区政府规定,只有符合条件的非牟利幼儿园才可使用学前教育券,并在师资达到一定标准时可领取教师发展津贴。这一政策的出台,不仅促使一些牟利幼儿园转向非牟利方向发展,而且使非牟利幼儿园的师资水平和保教质量得到很大改善。

浙江省绍兴市越城区曾出台一系列教师补助政策,这些政策使该区幼儿园教师学历合格率、高一层次学历达标率、教师资格持证上岗率以及教师职称评聘率大幅上升,师资队伍素质明显提高。

为推进学前教育优质化进程,上海浦东新区在一些优质公办幼儿园内部孵化、培育出一些民办性质的管理类中介机构。这些管理机构的法定代表人往往由公办幼儿园园长兼任。教育局通过非竞争性购买,委托这些机构管理公办的新开办幼儿园或薄弱幼儿园。由于刚开始市场上只有清一色的办学实体,没有中介机构,这一做法孵化、催生了一批管理类中介机构。之后,浦东新区教育局依据"扶上马,送一程"的思路,给予这些机构一定量的托管业务,使其正常运作并逐步成长。随着"委托管理"逐渐为世人所理解和接受,一些优秀园长在退休后先后成立了具有法人资质的教育管理中心,浦东新区委托管理项目也由非竞争性购买转变为公开招标的竞争性购买。在激烈的竞争过程中,一些由公办幼儿园园长兼任法人的中介机构引起了大家的关注,并引发关于"公"与"私"的讨论,这促使一部分中介机构开始自我演变,走向自我完善和规范之路。他们一方面着手建设专属于管理中心的人力资源库、课程资源库、制度文本资源库等各类资源库,加强内涵建设,增强自身竞争能力;另一方面加速机构转型步伐,划清与公办幼儿园之间的关联,逐步摆脱与作为"母体"的公办幼儿园之间的联系,开始独立发展。可见,政府购买学前教育服务政策,不仅影响着卖家队伍的数量和质量,甚至影响着卖家队伍的性质和结构。

出售学前教育服务的卖家,并不仅限于幼儿园和评估机构。宁波市教育局制定了《宁波市"十二五"中小学幼儿园教师专业发展培训规划》,全面提高幼儿园教师的整体素质。宁波市象山县从2011年起,每年委托宁波教育学院定向培养30名五年一贯制学前教育大专教师,吸引优秀初中毕业生从事学前教育工作。重庆市江北区成立了学前教育培训指导中心和学前教育专家组,建立全区学前教育人才资源库,让优秀教师资源在幼儿园之间合理流动和共享。上海市教委依托学前教育网打造学前教育课程资源库,为一线教师的保教工作提供专业支持。这些地区把卖家范围进一步扩大到各类公、民办培训机构、专业院校,甚至网站,瞄准了影响学前教育服务质量的关键和核心——教师及课程,通过师资队伍培养和课程资源库建设,为教师提供专业支持,进而达到提高学前教育服务质量的目的。

卖家是买卖的基础,是影响政府购买学前教育服务规模、水平和质量的重要因素。政府购买学前教育服务政策促使卖家降低保教费标准、提高师资队伍素质、丰富保教课程、改善园舍设施、规范办学行为;卖家的变化,反过来又影响着买家的购买欲望及购买行为,进而影响到政府购买学前教育服务的规模、水平和质量。值得关注的是,卖家队伍的自我规范与完善,对整个学前教育市场健康发展具有极其重要的意义。

三、价格是砝码

俗语说得好,"一分价钱一分货"。价格是商品交易过程中的砝码,影响着政府购买学前教育服务的起伏涨落。

深圳市为降低幼儿园保教费标准,以每月保教费标准不超过840元为条件向这些幼儿园购买服务,给予幼儿园每班每年4万元补贴。按每班30名幼儿计算,深圳市购买学位的价格仅为每生每年1 333.33元。[①] 这对于用工成本、消费水平相对较高的深圳市而言,实在少得可怜。学前教育有其自身的规律,在运作过程中自然会产生相应的成本,在幼儿园刚性成本不变的前提下,政府借助其绝对的强势地位,出具低廉的价格,又通过行政手段打压幼儿园的保教费标准,幼儿园举办者为维持运作,乃至为保持其一定的"回报"空间,就会通过压缩人员配置、降低人员工资、简化设施设备等各种途径降低成本,其结果必然是使学前教育服务质量下降。

那么,影响政府出价的关键因素是什么呢?是政府对学前教育的财政投入。政府购买学前教育服务的价格与学前教育的财政投入密切相关。比较重庆、浙江嘉兴、上海浦东新区对幼儿园的财政

---

① 深圳市教育局.深圳市普惠性幼儿园财务监管制度研究报告("普惠性民办园政策研究"结题报告)[R].内部资料,2013.

投入情况(表4-1)后可以发现,学前教育财政投入往往与当地经济发展水平相关。经济发展水平越高,对学前教育的财政投入越大,向民办幼儿园购买服务的价格相对较高;反之,经济发展水平越低,对学前教育的财政投入越少,向民办幼儿园购买服务的价格相对偏低。

表4-1 三地对幼儿园的财政投入①

地区	专项发展经费	租金补贴或者减免	奖励基金	生均公用经费补助
重庆市	新建或改扩建普惠性幼儿园,一次性补助建设经费。补助标准:一级园5万元/班,二级园3万元/班,三级园2万元/班	租赁公建配套园舍办普惠性幼儿园的,政府给予免租金的优惠	综合目标考核:一等奖5 000元,二等奖4 000元,三等奖3 000元。重点目标考核:一等奖2 000元,二等奖1 500元,三等奖1 000元。上升等级的幼儿园:市级示范园10 000元,一级园6 000元,二级园4 000元,三级园2 000元	按在园重庆市户籍儿童人数,给予幼儿园生均补贴:一级园每生每年900元,二级园每生每年700元,三级园每生每年500元
嘉兴市	对新建、改扩建的普惠性民办园,按新增班级数给予幼儿园补助,每班补助6万元;20万元以上大型修缮项目,按工程结算价的20%给予补助	对经教育部门认定,因小区配套不足需要租赁场地的幼儿园,对房屋租赁费进行补贴,补助经费每班最高不超过1万元	对达到省一级园至省三级园的,分别给予补助2万元、1.5万元、1万元	按在园嘉兴市户籍儿童人数,给予幼儿园生均补贴:省一级园1 450元/人,省二级园1 350元/人,省三级园1 250元/人,准办园1 150元/人

---

① 王海英.政府扶持普惠性民办园的经费投入与管理制度设计("普惠性民办园政策研究"结题报告)[R].内部资料,2013.

续表

地区	专项发展经费	租金补贴或者减免	奖励基金	生均公用经费补助
上海浦东新区	公办幼儿园数量占总量的75.3%。2012年财政性学前教育经费达10.29亿元	给予租赁公建配套园舍的民办幼儿园低租金，给予招收"地段生"的民办幼儿园减免租金	通过上海市一级幼儿园评审及民办幼儿园质量认定"优良"的幼儿园实施5万~8万元的奖励。民办幼儿园教师享受免费在职培训	根据招收"地段生"占在园儿童总人数的比例分段递差补贴，"地段生"人数在40%以下的（含40%），每生每年3 000元；40%以上的每生每年4 000元

但调查发现，各地对学前教育的财政投入与当地的经济发展水平并不必然成正比，深圳市就是实例。深圳市与上海浦东新区有诸多相似之处，如都是副省级（或相当于副省级）的行政辖区，都是中国改革开放的窗口城市，都在较短时间内快速发展并成为具有相当影响力的国际化都市，两地的户籍人口、居民可支配收入等数据相仿。2012年，深圳市年内生产总值达12 950.08亿元，是上海浦东新区的2.18倍；同年，深圳市、区两级财政投入学前教育的财政性经费约1亿元，仅为上海浦东新区学前教育财政性经费的十分之一。深圳市财政性学前教育经费占国内生产总值0.008%，占同级财政性教育经费的2%；而上海浦东新区财政性学前教育经费占国内生产总值的0.17%，占同级财政性教育经费的15.62%（表4-2）。

表4-2 2012年深圳市与上海浦东新区部分财政经费情况①②

地区	人口		生产总值(亿元)	居民可支配收入(元)	财政性学前教育经费(亿元)	财政性学前教育经费占国内生产总值的比例	财政性学前教育经费占同级财政性教育经费的比例
	户籍人口(万人)	流动人口(万人)					
深圳市	260	1 040	12 950.08	40 742	1	0.008%	2%
上海浦东新区	281.2	238.32	5 929.91	40 901	10.29	0.17%	15.62%

目前,我国依据幼儿园的体制确定财政投入的渠道、数额、方式等。公办幼儿园教职员工的工资、设施设备的维护和购置经费、幼儿园日常运作的公用经费等全部或部分由财政承担,而民办幼儿园基本是依靠保教费,自收自支、自负盈亏。一般情况下,政府对公办幼儿园的财政投入要远远大于民办幼儿园。深圳市公办幼儿园仅占幼儿园总数的5.14%,在读幼儿人数占所有在园幼儿的7%;③而上海浦东新区这两个数据分别是75.31%和78.72%。④

表4-3 2013年深圳市与上海浦东新区学前教育概况⑤⑥

地区	幼儿园(园舍数)				在读儿童(人)			
	公办幼儿园		民办幼儿园		公办幼儿园在读儿童		民办幼儿园在读儿童	
	数量	比例	数量	比例	人数	比例	人数	比例
深圳市	61	5.14%	1 125	94.86%	22 190	7%	294 810	93%

---

① 深圳市统计局.深圳统计年鉴2012[M].北京:中国统计出版社,2013.
② 上海市浦东新区教育局.浦东新区教育局年度财政报告[R].内部资料,2013.
③ 深圳市教育局.深圳市普惠性幼儿园财务监管制度研究报告("普惠性民办园政策研究"结题报告)[R].内部资料,2013.
④ 凤炜.学前教育财政投入与绩效监控的实践探索[Z].内部资料,2013.
⑤ 深圳市教育局.深圳市普惠性幼儿园财务监管制度研究报告("普惠性民办园政策研究"结题报告)[R].内部资料,2013.
⑥ 凤炜.学前教育财政投入与绩效监控的实践探索[Z].内部资料,2013.

续表

地区	幼儿园（园舍数）				在读儿童（人）			
	公办幼儿园		民办幼儿园		公办幼儿园在读儿童		民办幼儿园在读儿童	
	数量	比例	数量	比例	人数	比例	人数	比例
上海浦东新区	308	75.31%	101	24.69%	85 772	78.72%	23 184	21.28%

受财政投入制约，深圳市不得不压缩购买学前教育服务的经费。面对占幼儿园总园舍数94.86%的庞大的民办幼儿园队伍，为达到使大多数民办幼儿园降价的目的，深圳市只能采取"撒味精"式的补贴方式，并辅助以行政手段，让民办幼儿园降低保教费标准。价格是影响质量的重要因素。当价格合理，政府所购买的学前教育服务质量较高，并得到服务享用者普遍好评时，就会形成良好的社会反响，财政预算中购买学前教育服务的经费也会比较容易通过人大审议，这样将刺激政府部门购买服务的积极性，用于购买学前教育服务的资金总量会进一步增加，政府购买的学前教育服务的总量也会随之增加，购买学前教育服务的范围和种类将进一步扩大，以此往复，逐步形成良性循环。反之，当购买的学前教育服务质量低下，遭到服务享用者普遍恶评时，社会舆论的批评将打击政府购买学前教育服务的积极性，政府部门会转而考虑在公办学前教育上花更多的精力和财力，这样购买服务将逐步萎缩。

表4-4　2012年深圳市与上海浦东新区普惠性幼儿园概况①②

地区	收费标准(每生/每月/元)					生均经费(元/每年)	享受普惠性学前教育服务的比例
	公办幼儿园			普惠性民办幼儿园收费上限			
	普通园	优质园	示范园	"地段生"	非"地段生"		
深圳市	600	690	720	840		11 500	50%
上海浦东新区	175	225	700	225	400	15 665	92.12%

应该指出,由于我国各地区经济发展水平差异很大,物价指数存在很大差异,单纯的数据并不能真实、全面地反映政府对学前教育的投入情况。为排除上述干扰,真实反映各地学前教育投入的相对水平,不妨参考"教育经费指数"。教育经费指数＝生均经费支出/人均GDP×100。"教育经费指数"越大,表示学前教育投入水平越高。

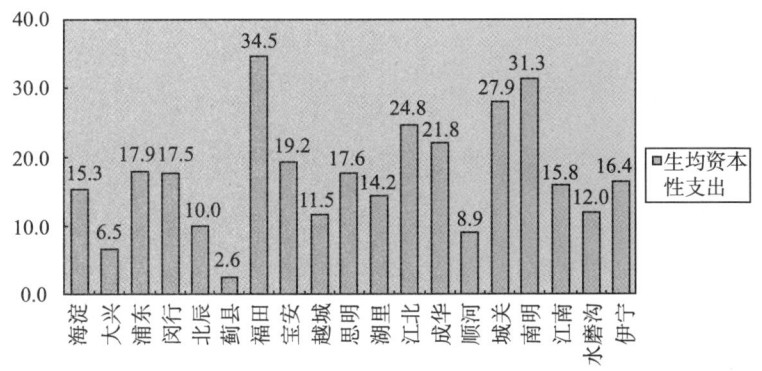

图4-1　19个地区学前教育经费指数③

---

① 深圳市教育局.深圳市普惠性幼儿园财务监管制度研究报告("普惠性民办园政策研究"结题报告)[R].内部资料,2013.
② 凤炜.学前教育财政投入与绩效监控的实践探索[Z].内部资料,2013.
③ 柏檀."普惠性民办园管理与政策研究"结题报告之成本核算调查报告(普惠性民办园政策研究结题报告)[R].内部资料,2013.

从上图可见，19 个地区中有 11 个地区的教育经费指数都在 10～20 区间内。尽管北京海淀、上海浦东、上海闵行等地的学前教育生均成本较高，但这些地区的教育经费指数却都在 20 以下，说明相对于其经济承受能力来说，教育经费的压力不是很大。而贵州南明、新州城关、重庆江北等经济相对不发达地区的教育经费指数则都接近甚至超过 25，说明这些地区对学前教育的财政投入尽管不高，但其承受的学前教育成本压力却很大。因此，在关注各地对学前教育投入的同时，还应该关注学前教育经费指数，只有这样，才能对政府购买学前教育服务做出公正的评价。

四、市场是染缸

随着社会经济的发展，人们的生活逐渐由温饱走向小康，大多数家庭都拥有了为学前教育买单的意愿和经济实力。"独生子女"政策的实施使父母对子女成长倾注了极大的希望，"不能让孩子输在起跑线上"等口号，一方面反映出父母对子女成长的殷切期望，另一方面也进一步助推了父母对子女早期教育的经济投入。客观上，现今的中国，需求人口、购买能力以及购买欲望三大基本条件已基本齐备，学前教育市场正是在这样的背景下应运而生并且快速扩大。

市场有两重含义：一是指买卖双方进行商品交易的场所，二是指买卖双方进行交易的行为。市场是社会分工和商品经济发展的必然产物，学前教育领域同样存在着市场。有个成语叫南橘北枳，比喻环境对人的影响，市场就像一个大染缸，买卖双方及其交易行为、交易结果等都浸润其中并受着潜移默化的影响。

（一）学前教育市场机制

市场主要通过供求机制、价格机制、竞争机制和风险机制等市场机制实现资源的配置，但在学前教育市场，由于学前教育是一种准公共产品，具有有限的非竞争性和局部的非排他性，市场机制会部分失效。

所谓非竞争性，是指消费者的增加并不会减少人们对该产品的消费数量和消费质量，即增加消费的边际成本为零。所谓非排他性，是指一个人在消费这类产品时，无法排除其他人同时消费该产品。学前教育产品具有特殊性，当一个班级的儿童人数控制在一定范围之内时，增加一名儿童并不会影响其他儿童的消费，也不排除其他儿童的消费，但当班额达到一定程度时，就会显示"拥挤性"特点，出现教师对儿童照顾不周，保教质量下滑，甚至出现安全隐患，对此，需要增加班级数量，从而需要添置设备、增加保教人员等，边际成本也随之增加。因此，学前教育产品只具有有限的非竞争性和局部的非排他性。

但学前教育产品的有限非竞争性和局部非排他性特点，并不会导致市场机制完全失效，政府在购买学前教育服务时，仍然可以借助市场机制，逐步提高购买服务的效率和质量。

香港特区政府就是运用价格机制，接连出台"学前教育券"（每生每年 16 000～30 200 港元）、"教师发展津贴"（每名合格教师每年 2 000～3 000 港元）、"一笔过学校发展津贴"（每所幼儿园 15 万～25 万港元）等政策，针对市场上非牟利幼儿园不足的问题，以具有吸引力的价格，刺激更多幼儿园加入学前教育券计划中，从而增加了市场供应。

上海浦东新区政府刚开始向教育中介机构购买服务时,采用了非竞争性购买的方式;随着市场上教育中介机构的增加,浦东新区开始采用竞争性购买方式,通过公开招标,吸引更多中介机构参与学前教育产品的生产与出售,并在中介机构的激励竞争中优胜劣汰,不断优化产品质量,提高政府购买服务的效率。

市场的风险机制也在不断地警示卖家在产品生产过程中时刻存在着盈利、亏损甚至破产的风险,激励卖家不断改善经营管理策略,提供服务效率,增强抗风险能力。所有在市场中搏击的社会组织,都在经受市场风险机制的考验;而在市场中脱颖而出的,必然是抗风险能力较高的佼佼者。

(二) 契约精神

如果打比喻,把契约精神比作空气是再贴切不过的。契约精神如同空气般弥漫在学前教育市场中,并潜移默化地影响着政府购买学前教育服务的买卖双方、买卖行为以及买卖结果。如果买卖过程中具有契约精神,就如同拥有新鲜、健康的空气,有助于政府购买服务正向发展;如果契约精神缺失,就如同弥漫着有毒、有害的空气,不断损害着政府购买服务的政策及其绩效。

必须引起关注的是,在目前的学前教育市场,契约精神淡漠。究其原因,与中国对民办学前教育的政策有关。在中华人民共和国成立初期,中国政府对以民办幼儿园为代表的社会组织采取的是限制和打压政策,直至公办幼儿园一统天下;改革开放之后,政府采取的是既不支持也不打压的忽视政策,放任其自由生长;进入 21 世纪之后，民办幼儿园又被拉进公共服务建设中，被要求参与普惠性学前教育服务的生产，承担社会责任。可以说，这些民办幼儿园几乎一直在政府的强势支配下，处于被动的弱势境地，无法自主地掌握命运，由于对未来的不确定，使得部分民办幼儿园出于自我保护的本能，表现出只顾眼前利益而不顾长远、只顾个体利益而不顾全局、只顾营利而不顾公益等情况。

在浦东新区曾发生过这样一个案例：有两家无证办学点经整改后提出申办民办三级幼儿园的申请，教育局委托教育评估事务所进行实地评估后认为：园舍条件、设施设备已符合相关标准，一个班级配置两名教师，所有教师均具有幼儿园教师资格……所有软硬件条件均符合上海市民办三级幼儿园的设置标准。举办者承诺所提供的所有材料真实、有效，若有不实，愿承担法律责任，并签字画押。

这是一项普通的行政许可申请，一切程序合法，一切材料符合标准，正待教育局准备给予办学许可时，却意外发现材料中有个别教师的教师资格证是伪造的，于是把举办者请过来说明情况，要求其核查并整改。举办者很爽气地收回了材料，并于第二天就递交了新聘人员的资质材料。在目前幼儿教师严重供不应求的情况下，怎么可能在一天内两家办学点都找到了合格的教师呢？由于心存疑虑，教育局相关人员到实地做了一次暗访，未料，暗访的情况大大出乎意外：由于是无证办学点整改后申办民办幼儿园，这两家办学点均已开设了一些班级，而已开设的班级中却只配备了一名教师，大多数在岗的教师并无教师资格证。也就是说，举办者信誓旦旦递交的申办材料是假材料。

这一情况震惊了教育主管部门,教育局立即派人员到已获批的47所民办三级幼儿园进行突击检查,结果发现,有70%的幼儿园存在人员配置不足、人证不符、无证上岗的现象。

民办三级幼儿园不讲诚信、无视契约的行为,使浦东新区政府在向这些幼儿园购买学前教育服务时心存疑虑,不敢出手,相关项目被暂时叫停。

所谓契约精神,是一种自由、平等、守信的精神,是文明社会的主流精神,也是维系商品经济社会正常运作的纽带。买卖双方在自由、平等的基础上缔结契约,不隐瞒、不欺诈,尽心尽力地履行契约,这是顺利完成政府购买服务的前提与基础。

在商品交易过程中,契约精神为市场提供了良好的秩序,对商品经济的健康发展起着至关重要的作用。契约精神包括以下内容:契约自由精神、契约平等精神、契约信守精神、契约救济精神。契约自由精神是指选择缔约者的自由、决定缔约的内容和方式的自由;契约平等精神是指缔约双方地位平等,根据契约平等地享有权利,平等地履行义务,无人具有超出契约的特权;契约信守精神是核心,缔结契约后,缔约双方诚实守信,不欺诈、不隐瞒,不折不扣地履行契约;契约救济精神是缔约一方因另一方的行为而受到损失时,依据契约使自身利益得到补偿和保护,是在商品交易中通过契约来实现对自己损失的救济。

在政府购买学前教育服务过程中,契约精神是约束双方行为、维护买卖秩序、推进政府购买学前教育服务举措不断完善与发展的重要基础。缔结契约是通过一种强制的方式,强行要求缔约双方信守承诺。由于学前教育服务本质上是一种难以量化的"软"服务,为了保障服务质量,在签订契约之后,尤其需要契约精神做保障。如果契约精神缺失,买卖双方互不信任,买家在购买服务后,还必须花费大量的人力、物力、精力进行过程监管。如果买卖双方诚实守信,缔约双方彼此信任,有利于买卖交易的顺利完成。如果契约信守精神成为约定俗成的主流取向,契约的价值才会真正得以实现,学前教育市场才会健康发展。目前,政府购买的学前教育服务主要有直接面向适龄儿童的保教服务,以及间接让儿童受益的管理类、评估类服务,其中,评估类服务正是对教育类、管理类服务的质量监控,也是规范市场、培养契约精神不可或缺的措施。

现今,部分社会组织契约精神匮乏,这既有政府过于强势,契约签订缺乏平等协商基础的原因;也有社会组织过于短视,过度追逐利益而丧失诚信的原因;更有市场刚刚建成,各种机制、制度还不成熟完善的原因。

对此,政府部门首先应调整心态,把社会组织真正当作建设学前教育公共服务体系的合作伙伴,与合作伙伴就合作事项进行平等谈判,而不是强势地下达命令、布置工作、行政干预,这是让社会组织心悦诚服地履行契约的前提条件。

其次,要完善制度设计,建立一整套严密的监控体系,创设一个不让机会主义者心存侥幸的诚信环境,逐步形成契约精神。梳理浦东新区在民办幼儿园财务检查中查出的问题,可以发现两个有趣的现象。第一种现象是,问题被发现并且相关幼儿园被责令整改后,其他幼儿园犯同类问题的比例会明显下降。2008年,财务检查中发现有 2 所幼儿园的举办者挪用了幼儿园资金,占当年度被查幼儿园总数的 50%。这两所幼儿园被责令整改,挪用的资金被迫返还,之后的历年检查中,幼儿园举办者挪用幼儿园资金的比例逐年下降。到 2012 年,40 所被查幼儿园中,仅 1 所幼儿园出现此类情况。2009 年,财务检查中发现有 80% 的幼儿园未按规定给聘用人员缴纳社会保险,这 24 所幼儿园被要求进行整改;第二年仅有 13.3% 的幼儿园出现此类情况;2011 年,由于大量新申办的民办三级幼儿园年满 2 年,被纳入财务检查范围,该年度未缴纳社保的比例大幅上升到 53.3%,这些幼儿园全部被责令整改;至 2012 年,未为员工缴纳社保的幼儿园仅有 7.5%。第二种现象是,民办幼儿园不断会有新的财务问题出现。2008 年,浦东新区政府发现有大批民办幼儿园的举办者挪用幼儿园资金;这个"口子"被堵塞后,2009 年,发现有幼儿园未按规定给员工缴纳社保;2010 年,发现部分幼儿园园舍修缮经费虚高;2012 年,发现有幼儿园超越业务范围招生……①老问题不断被整治的同时,新问题又在不断地出现,这一现象真实地反映出在政府购买学前教育服务的过程中,政府部门与社会组织始终在进行着管理与被管理、规范与被规范的博弈,这也要求政府部门必须建立和完善监督体系,逐步规范社会组织的经营行为。契约精神,正是在管理者与被管理者进行管理与被管理的博弈中逐步培养起来的。西方发达国家商品经济社会是这样发展过来的,我们的学前教育市场也不会例外。

---

① 上海市浦东新区教育局.浦东新区民办幼儿园质量认定与财务检查报告[R].内部资料,2009—2012.

表 4-5 在民办幼儿园财务检查中查出的问题①

财务检查时间	举办者挪用幼儿园资金			未按规定给聘用人员缴纳社会保险			园舍修缮程序缺失,修缮经费虚高			超越业务范围招生		
	被查幼儿园数	问题幼儿园数	问题幼儿园比例	被查幼儿园数	问题幼儿园数	问题幼儿园比例	被查幼儿园数	问题幼儿园数	问题幼儿园比例	被查幼儿园数	问题幼儿园数	问题幼儿园比例
2008年	4	2	50%	—								
2009年	30	11	36.70%	30	24	80%						
2010年	15	3	20%	15	1	13.30%	15	7	46.70%			
2011年	15	2	13.30%	15	8	53.30%	15	1	6.70%			
2012年	40	1	2.50%	40	3	7.50%	—			40	2	5%

再次,对违规触犯底线的卖家要给予严厉惩戒。因利益驱动,有些社会组织会心存侥幸,违背契约,触犯底线。对于这种机会主义者,一定要严加惩戒,以儆效尤。惩戒机制是培养和维护契约精神不可或缺的重要组成部分,对于挑战契约者,只有付出昂贵代价之后,才会深切体会到底线不可触犯;而对于其他旁观的社会组织,这是一种教育,也是警示。

---

① 上海市浦东新区教育局.浦东新区民办幼儿园质量认定与财务检查报告[R].内部资料,2009—2012.

五、交易市场之外的影响因素

影响政府购买服务的因素,既有处于市场之中的买卖双方、买卖价格以及买卖环境与行为等,也有处于市场之外的现有公办学前教育资源、现行学前教育政策等因素。

(一)公办学前教育资源

在供应总量不变的情况下,公办学前教育资源的存量直接影响政府购买学前教育服务的规模。公办幼儿园学位数量越多,政府向社会组织购买的学位数量就越少;反之,则越多。同样,政府向社会组织购买的学位越多,一定程度上会削减政府发展公办学前教育的积极性和内驱力,从而抑制公办学前教育的发展;反之,为满足适龄儿童的需求,政府会采取各种措施,大力发展公办学前教育。

公办学前教育的质量和水平,也会影响政府购买学前教育服务的质量和水平。政府购买直接的学前教育服务,往往是为了补充学前教育供应的不足。为维护适龄儿童享受同等待遇,这就要求政府所提供的学前教育服务的水平和质量相对均衡,为此,政府往往会以公办学前教育服务的质量和水平,去要求和带动社会组织生产学前教育服务;政府购买的学前教育服务的质量和水平,同样也会影响现有公办学前教育服务。

如果说直接的学前教育服务是基本需求,那么间接的学前教育服务则是更高层次的需求。间接的学前教育服务主要用于监控和提升直接的学前教育服务质量,政府向中介组织购买间接学前教育服务,很大程度上受社会对学前教育服务高质量、高效率、多样化的要求影响,是社会经济发展到一定水平之后的产物。公办学前教育质量越高,对政府购买的学前教育服务质量的要求也会提高,这样就需要评估类、培训类学前教育服务介入干预,以督促和指导所购买的服务质量的提升;若公办学前教育服务质量和效率低下,社会就会呼唤管理类服务介入,政府通过对公办幼儿园的委托管理,来提高所提供的直接的学前教育服务的质量。

提供学前教育服务是政府履行职能的一种行为表现,至于是提供公办学前教育还是向社会组织购买学前教育服务,都是履职的一种方式。在具体实践过程中,不能因购买学前教育服务而削弱政府体现教育公平和效率的公共性责任,更不能将宏观管理和调控的核心职能予以让渡。魏伯乐曾指出,"私有化本身不是一个终点,私有化应被看作是提高效率的手段而不是削减或破坏政府地位的途径,在有些情形下,私有化也许是最好的选择,但是在另外一些情形下,对公共部门进行改革也许反而是更好的选择"。[1] 基于学前教育公共性本质,政府能高效提供的学前教育服务应仍由政府来生产。只有当政府生产的学前教育服务效率低下、服务不能满足需求时,才适宜向社会组织购买,这是由学前教育的公益性本质和政府的公共性本质所决定的。

(二)学前教育政策

政策是国家政权机关、政党组织和其他社会政治集团为实现本阶级的利益和意志,以权威形式标准化规定在一定历史时期,应达到的奋斗目标、遵循的行动原则、完成的明确任务、采取的一般步骤

---

[1] [德]魏伯乐,[美]奥兰·扬,[瑞士]马塞厄斯·芬格.私有化的局限[M].周缨,王小卫,译.上海:上海人民出版社,2006.

和具体措施。政策由权威机关以强制力的方式予以实施,具有见效快、涉及面广、影响深远等特点。学前教育政策是影响政府购买学前教育服务规模、水平和质量的又一因素。

2005年,上海市《城市居住地区和居住区公共服务设施设置标准》规定,每1万人口的住宅小区应配建15班规模公建配套幼儿园1所。公建配套幼儿园可由开发商包干建设,也可向建交委下属的住宅所缴纳配套费,由住宅所委托相关单位建设,公建配套幼儿园建成后移交教育局,纳入国有资产。为督促开发商同步建设和交付公建配套幼儿园,浦东新区制定政策,规定开发商申请住宅出售许可证时,必须得到教育部门同意,并盖章确认。通过这一举措,浦东新区在2009—2012年间,督促开发商建成并交付公建配套幼儿园63所,共计建筑面积322 527.25平方米,增加学位24 450个。目前,浦东新区409个幼儿园园舍中,有354个园舍来自公建配套,占86.6%。其中,42所公建配套园舍交由社会组织举办民办幼儿园,这些幼儿园的部分学位由政府购买服务后供"地段生"就读,其余用于向适龄儿童提供多样化、个性化服务。① 公建配套政策的制定与实施,使浦东新区建成并交付了大量舒适、宽敞的标准化园舍,扩大了学前教育的规模,提高了服务的质量和水平;使租赁公建配套园舍的民办幼儿园"水涨船高",拥有良好的硬件条件,为办好学打下了基础;也为政府购买有质量的学前教育服务创设了条件。

2006年起,浦东新区幼儿园及义务教育阶段的学校向持有"上

---

① 上海市浦东新区教育局.浦东新区现代化教育督导报告[R].内部资料,2013.

海市居住证"或"上海市临时居住证"的非沪籍适龄儿童开放。而申办"上海市临时居住证"几乎没有门槛,凡流动人口均可到社区事务服务中心申请办理。

浦东新区各级各类幼儿园和义务教育学校以良好的硬件条件、较高的办学质量、低廉的收费标准吸引了大批非沪籍儿童申请入学。当时,浦东新区公办幼儿园的收费标准在150～200元,招收农民工同住子女的民办三级幼儿园的收费标准最高不超过400元;义务教育阶段的公办学校和以招收农民工同住子女为主的民办学校实行免学费和杂费,并补贴部分午餐费。

幼儿园的优厚条件,以及对入小学的预盼,导致大批非沪籍儿童涌入浦东新区,一时间大量务工人员请假返乡,将子女带到浦东新区读书;个别外来务工人员甚至将乡里乡亲们的孩子带到浦东新区,自己做起看护、照顾这些孩子的营生。同时,由于周边区县对非沪籍儿童的招生政策偏紧,致使居住在周边区县的非沪籍儿童也涌到浦东新区就读,浦东新区成为非沪籍儿童入园的"洼地",在园非沪籍儿童人数迅速突破万人,并逐年大幅增长。为满足需求,浦东新区做了如下对策:一是催缴公建配套幼儿园;二是规定公办幼儿园可适当突破《幼儿园工作规程》的班额限定、突破《上海市普通幼儿园建设标准》的班级规模限定,扩大招生;三是设置了以招收农民工同住子女为主的民办三级幼儿园准入标准,并以政府购买学前教育服务的形式,鼓励社会力量举办民办幼儿园;四是创造性设置学前儿童看护点,解决外来务工人员子女看护困难。由于大量非沪籍儿童涌入,加之正值沪籍儿童出生高峰,在短短的五年时间内浦东新区增加了103所幼儿园,在园儿童人数增加46.68%,另有40 087名非沪籍儿童被暂时安置在学前儿童看护点就读,一时间,各级各类幼儿园人满为患。

表4-6 浦东新区非沪籍3~6岁儿童情况①

年份	幼儿园情况(园舍数)				在园儿童情况				看护点情况	
	公办园	普通民办园	民办三级园	小计	沪籍儿童人数	非沪籍儿童数	境外儿童数	小计	看护点数	儿童数
2009年	252	49	5	306	41 115	31 833	1 331	74 279	151	10 627
2010年	270	50	13	333	42 089	39 803	1 280	83 172	211	18 920
2011年	286	51	25	362	53 051	40 440	1 535	95 026	252	28 771
2012年	300	49	36	387	60 960	40 918	1 859	103 737	320	36 293
2013年	308	54	47	409	67 651	39 301	2 004	108 956	330	40 087

在对73 276名3~6岁非沪籍儿童家长的问卷调查中发现,仅13.75%的儿童家庭对公建配套有贡献,也就是说,绝大多数非沪籍儿童对学前教育有需求,但无公建配套份额,这对86.6%的园舍依靠公建配套的浦东新区而言,是巨大的挑战。② 为解决这一难题,浦东新区紧急调整招生政策,决定公办幼儿园不再招收0~3岁托班儿童,致使原先提供四年学前教育的幼儿园一下统一缩减到三年。为弥补这一不足,浦东新区又出台政策,规定0~3岁儿童可享受政府提供的每年4次免费早教指导服务(2012年起,增加到每年6次)。

凭借着良好的愿望,浦东新区制定出远超出其承受能力的普惠

---

① 凤炜.学前教育财政投入与绩效监控的实践探索("普惠性民办园政策研究"结题报告)[R].内部资料,2013.
② 凤炜.关于非沪籍儿童家庭情况的调查报告[R].内部资料,2013.

性学前教育服务供应政策,导致短期内学前教育的规模剧增,部分儿童受教育年限被缩减,因超规模开班、超班额招生而造成师资紧缺、在职教师工作负荷增加,不仅影响了政府购买服务的规模、水平和质量,甚至还影响到整个学前教育公共服务体系的健康发展。

六、成因分析

综合分析上述诸多因素,可以发现,一些主要影响因素或重要原因与政府购买学前教育服务的规模、水平和质量之间存在着一定的因果关系。

其一,整个学前教育服务体系乃至整个社会系统与政府购买学前教育服务密切相关。深圳等地政府在购买学前教育服务时表现出顾此失彼、成效欠佳的情况,综其原因,主要是出台的诸多政策缺乏深入调研和整体设计,以至于各项政策杂乱且不成体系、繁琐却抓不住关键、蜻蜓点水而不能够到位。学前教育是一个系统,系统内的各个组成部分共同组成了相互依存的生态环境,它们之间相互依赖、相互制约、相互作用、相互影响。例如,当需求不变时,公办学前教育资源增多,民办学前教育资源就会减少,政府购买学前教育学位数也会削减;反之,民办学前教育资源就会增多,政府购买学前教育服务的规模就会扩大。因此,政策的设计一定要全盘思考、统筹运作。

同时,学前教育系统又从属于一个更大的系统,并受更大系统中诸因素的影响,如政府的财政实力、相关的科研成果、舆论的宣传导向等,都对学前教育服务体系及政府购买学前教育服务产生着深远的影响。因此,在制定制度时,要整体布局、综合思考,这样才有助于政府购买学前教育服务健康、有序、持续发展。

其二,政府的财政实力及其对学前教育的财政投入是政府购买服务的经济基础。资料显示,深圳、重庆等地对学前教育的投入少、出价低,导致政府购买服务成效不佳,或普惠性民办幼儿园保教费标准居高不下,或普惠性服务供不应求。毋容置疑,政府购买学前教育服务就是以财力为基础,有多少钱,买多少货。当财政投入充足时,政府购买学前教育服务的规模与范围才有可能扩大;当财政投入不足时,政府购买学前教育的规模与水平只能缩小。

价格是价值的货币表现,出什么价,买什么货。只有当财政投入充足时,才有可能购买到高质量的学前教育服务。但在实际交易过程中,价格并不一定与价值完全相当,当价格高于价值时,就会吸引更多卖家参与生产与供应学前教育服务;当价格低于价值时,卖家的积极性就会受挫,服务的供应量也会随之萎缩。因此,价格不仅决定着学前教育服务的质量,同时还影响着学前教育服务的供求。

其三,竞争机制的形成与完善是政府购买学前教育服务的助推器。竞争是两个或两个以上的个体或团体,为了某一目标而你争我夺、优胜劣汰的过程。竞争是物种进化、人类进步的重要助推器。但目前学前教育市场上有的是恶性竞争,个别民办幼儿园为了抢夺生源而大打出手,甚至丧尽天良、毒害在园幼儿;缺的是良性有序竞争。事实上,中国境内的麦当劳和肯德基已经为市场树立了良性竞争的典范,这两家快餐店常常比邻而居,为了占得先机,各自使出浑身解数推出新产品、优化食品口味、提高服务质量,结果在激烈的竞争中越做越强大,双双成为快餐业的巨头。政府向社会组织购买服务,正是希望借助市场的竞争机制,不断优化学前教育质量,提高财政经费的使用效率。

必须看到,能否形成学前教育服务市场的竞争机制,很大程度上与供求关系相关。因此,要通过政策宣传、制度保障等多种渠道,同时借助价格机制等经济手段,鼓励和吸引社会力量参与学前教育服务的生产与供应。只有当供大于求时,为争夺同一个目标,卖家们才会老老实实地走入正道,全心全意地研发产品,竭尽全力地优化服务质量、提高服务效率。

其四,管理和监控机制是政府购买学前教育服务的保障。由于目前学前教育市场存在管理不到位、监控缺失的情况,致使学前教育市场运行不规范、竞争无秩序、契约精神淡薄。在这样的大环境下,人的惰性和投机取巧之心就会作祟,有些人经不住利益的诱惑,在供应学前教育服务时偷工减料、以次充好,严重损害政府购买学前教育服务的政策。事实上,不少家长已经表现出对民办幼儿园提供普惠性服务的不满,究其原因,有政府出价过低、少数家长抱有偏见等原因,但也不能排除少数幼儿园举办者抱着侥幸心理片面地追求利益最大化。这种短视行为若不能及时予以遏制,就会逐渐蔓延开来,影响购买的服务质量,直至腐蚀整个学前教育市场。这就提醒政府部门应尽快出台对学前教育市场的管理和监控措施,建立长效机制,规范和促进学前教育市场健康、良性发展。

第五章 政府购买学前教育服务的改革路径

作为"舶来品",在中国,政府购买学前教育服务还属于新鲜事物,各地区尚在"摸着石头过河"。本章将在前文的基础上,着重探讨如何通过改革,进一步提高政府购买学前教育服务的绩效,主要从健全学前教育服务体系、完善政府购买学前教育服务程序、建立促进学前教育市场健康发展的机制三个方面进行阐述。

一、健全学前教育服务体系

政府购买服务是建构学前教育公共服务体系的一项政策举措,政府购买服务的规模、水平和质量,与整个学前教育公共服务体系息息相关,讨论政府购买学前教育服务的改革路径,首先必须讨论学前教育公共服务体系的架构。

《中华人民共和国教育法》明确将学前教育列入学校教育制度,《幼儿园工作规程》进一步规定:学前教育"是基础教育的有机组成部分,是学校教育制度的基础阶段"。作为学校教育制度之一的学前教育,以何种方式向社会供应服务?学前教育服务的成本如何分担?普惠性学前教育服务应惠及哪些人群?这一系列问题尚缺乏权威解释,这也是导致学前教育发展大起大落的主要原因。近年来,社会各界对出台"学前教育法"的呼声越来越高,业内外都期盼有一部由国家制定或认可的,由国家强制力保证实施的,对相关当事人具有普遍约束力的学前教育法,使学前教育服务的供应及学前教育服务的质量和水平得到保障。

健全与社会经济发展相适应的学前教育服务体系,应以国家强制力明确政府职责、确定普惠性学前教育服务的惠及人群、制定服务成本分担比例等。

(一) 明确政府对于学前教育的职责

普惠性学前教育服务应由谁来提供?学界根据学前教育为准公共产品,以及学前教育服务对于个人、家庭、社会的贡献,提出提供学前教育服务是政府职能,学前教育服务成本可由个人、政府和社会共同分担的观点。国务院《关于当前发展学前教育的若干意见》进一步明确,发展学前教育"必须坚持政府主导",同时强调学前教育服务需要"社会参与",要"调动各方面积极性"。政府履行提供学前教育服务的职能,应从以下几个方面着手。

首先,要将学前教育纳入政府规划,并将发展学前教育"作为推动教育事业科学发展的重要任务"[①],制定学前教育发展目标和具体措施,整体谋划和全面推进学前教育事业。

其次,要保障学前教育财政投入。我国实行分税制财政管理体制,各级财政支出范围按照中央与地方政府的事权划分,学前教育

---

① 《国务院关于当前发展学前教育的若干意见》(国发〔2010〕41号)。

经费由地方政府支出,中央政府通过转移支付的方式对贫困地区提供资金帮助。由于学前教育经费由地方财政负责,且国家缺乏强有力的规范,政府对学前教育的投入存在随意性,各地对学前教育的财政投入差距极大,总体投入偏少。为此,需要尽快制定法律或规范性文件,明确学前教育投入占国内生产总值的比例以及占财政性教育经费的比例,将学前教育投入纳入政府财政预算,为学前教育健康发展打下良好的物质基础。

同时,应建立政府与家庭分担学前教育成本的机制,动员社会力量积极投入学前教育事业,根据当地经济发展水平制定合理的分担比例,并根据社会经济的发展情况,逐步提高政府分担的比例。

再次,要建立学前教育管理和质量监控体系。统筹各类资源、加强师资培养、严格质量监控,不断推进学前教育事业发展及公共服务体系的完善。

(二)充分调动社会力量投入学前教育的积极性

社会组织是一支不容忽视的生力军,通过向社会组织购买学前教育服务,把社会力量吸引进来,一方面可以整合利用各种资源,另一方面可以构筑多元化的供给体系,更好地满足老百姓的民生需求。

上海浦东新区就是一个很好的案例,该区通过发动社会组织兴办民办幼儿园,将大量社会闲置资源引入学前教育,解决了2.3万名适龄儿童的入园问题,缓解了入园矛盾。通过孵化和培育教育中介机构,鼓励优秀教育工作者参与教育评估、教育管理等专业事务,帮助政府从具体事务中解脱出来,同时延伸了服务的范围,优化了学前教育服务的质量。

社会是学前教育服务的受益方,理应成为学前教育服务体系的建设主体。要以政府购买服务为抓手,通过购买学位、委托管理、第三方评估等方式,为社会组织提供发展空间和资金支持,鼓励社会组织共同参与学前教育公共服务的产品提供及公共服务的管理,进一步增加学前教育服务供应量,拓展服务对象、项目、范围,扩大和深化学前教育服务的受益面,强化和完善学前教育公共服务体系,从而构筑起政府部门和社会组织共同参与、相辅相成的和谐社会。

(三) 合理规划学前教育服务的普惠范围

一个完善的学前教育公共服务体系,应该是能够满足多元需求的服务体系,既有面向大众、收费合理、质量合格的普惠性学前教育服务,也有收费高端、服务优质、满足个性化需求的选择性学前教育服务。前者由政府通过自主生产或购买服务向社会提供,其服务成本由政府、个人和社会共同承担;后者由市场自主生产和供应,其服务成本由消费者本人承担。

划定学前教育服务的普惠范围,有利于公共服务体系的建设,有利于政府购买服务的规范运作和有序推进。在美国,普惠性学前教育服务的受益者为低收入家庭的适龄儿童;在中国香港,所有香港居民及具有香港居留权的适龄儿童都拥有享受普惠性学前教育服务的权利;在中国内地,学前教育服务体系正在逐步健全,《国家中长期教育改革与发展规划纲要(2010—2020年)》提出了"普及学前一年教育""基本普及学前二年教育"以及在有条件的地区"普及学前三年教育"的层级目标。各地政府应根据顶层设计,结合当地社会经济发展水平,制定本地区学前教育发展目标,划定学前教育的普惠范围,包括学前教育服务对象、质量标准和服务年限等,并通过规范性文件加以固定。

(四) 科学布局学前教育服务体系

在学前教育公共服务体系中,公办幼儿园与民办幼儿园各有特色和作用,建构公办幼儿园与民办幼儿园和谐发展格局,是科学布局普惠性学前教育服务体系的重要内容。

2009—2013年间,上海浦东新区新增公办幼儿园(园舍)56所,大大增加了学位供应量。此间,财政性学前教育经费总量翻了一番,各级各类幼儿园办学条件明显改善;教师收入稳步提高,幼儿园教师准入门槛由中专提升到大专,硕士生、博士生进入幼儿园课堂,师资质量快速提高。持续、稳定、高额的财政投入,使浦东新区的公办幼儿园得以快速发展,学位供应占总量的78.72%,并逐渐建构起以公办幼儿园为主体的普惠性学前教育公共服务体系。公办幼儿园快速发展,普惠性学前教育服务资源供应充足,在这样的大环境下,促使民办幼儿园加大课程开发力度,着力提供个性化、优质化的服务,走与公办幼儿园错位发展之路。这样,面向不同人群的多层次、多元化的学前教育格局初具规模。同时,公办幼儿园长期沿袭下来的园本培训、教研活动、结对带教等师资培养举措,为民办幼儿园师资队伍建设提供了借鉴经验;民办幼儿园敏锐地把握市场需求,根据需求创建特色课程的办学理念,以及精打细算、提高办学效益的工作作风,对长期捧着"金饭碗"的公办幼儿园同样是一种触动和教育。浦东新区基本形成公、民办幼儿园之间各展所长、互助互动、和谐发展的态势。

科学、合理的学前教育公共服务体系,应该是公办与民办合理配置的体系,其中,公办学前教育应充分发挥主导与示范效应,引领学前教育的公益性方向;民办幼儿园应充分发挥灵活、高效的特长,弥补普惠性服务的不足。充足的公办普惠性学前教育资源,对平抑学前教育服务价格具有"杠杆"和"磐石"的作用;优质、个性化的民办学前教育服务,对满足适龄儿童多样化需求具有不可替代的作用。科学布局地区学前教育服务体系,对完善普惠性服务供应、提高学前教育服务效率和促进多元化发展方面起着积极的作用。

二、完善政府购买学前教育服务程序

程序是指事情解决的先后次序。在法律界,程序正义被称为"看得见的正义"。程序是现代社会的重要工具,正当的程序不仅是制度设计的基础,而且还是保障权利和制衡权利的重要机制。建立民主、公开、规范的程序,是顺利、有效完成政府购买学前教育服务的基础。

(一)建立民主的决策程序

从管理学的角度说,决策程序是一个提出问题、分析问题、解决问题的过程。决策程序一般包括四个步骤:一是提出问题,确定目标;二是分析问题,制订解决问题的方案;三是评估各种方案,选择最佳方案;四是实施方案,并通过反馈不断调整方案,直至问题解决。决策是一个复杂的、动态的过程,科学合理的决策程序是良好结果的保障,建立科学、民主的决策程序对保障政府购买学前教育服务的质量和效率至关重要。

1. 多方参与,民主协商

目前,各地在购买学前教育服务时,往往缺乏深入细致的调研,仅凭个别领导的意愿拍板,于是个别地区出现集中财力将极少数民办幼儿园教师工资大幅提高,但多数适龄儿童无缘受益的"形象工程";出现大量设置项目,但经费无法到位,致使购买服务形同虚设的"烂尾"工程。应该看到,政府购买学前教育服务,涉及儿童、家长、社区等多方利益,牵涉教育、财政、妇联、民政、审计等多个部门,利益不同、立场不同,对政府购买学前教育服务的观点和诉求也不同。具体购买哪些项目?服务惠及哪些人群?花费多少经费?这一切,既是关系每家每户的民生问题,又是关系多个政府部门的执政能力问题,广泛听取各方意见,综合考虑不同社会阶层的需求,才能使学前教育服务更好地满足公众的利益需求。

应把"多方参与"和"民主协商"作为决策的重要程序之一,并建立由多方参与的联席会议制度,改变"一言堂"和"长官意志"的做法,加强研究、广开言路、群策群力,把各方意见和建议进行归纳整理,梳理出群众普遍关心的、有价值的意见和建议,作为研究决策的重要内容,为公共服务打下坚实的群众基础,使公共服务真正能够为大众贴心服务。

2. 调查研究,科学决策

在政府购买学前教育服务过程中,存在许多难题,其中最为棘手的是价格问题。一个学位值多少钱?一次评估花多少钱?一项管理要多少钱?学前教育服务本身难以量化的特点,使购买学前教育服务的价格难以确定。价格过高,导致财政经费流失;价格过低,影响服务质量。同时,花钱的方式也很有讲究。是设立独立项目,还是设立配套的组合项目;是直拨经费,还是提供实物,这些都将影响购买服务的效率。因此,政府购买学前教育服务时,必须进行深入细致的调查研究,了解服务项目的详细内容、具体要求、相关成本,实事求是地掌握事实真相及相关规律,再进行科学决策。决策时不应是个别或少数人员拍脑袋,独断专行、简单拍板,而是应依据一定的程序,凭借科学的思维方式,借助受益人群、相关专家等的智慧,利用科学的方法进行决策。

  上海浦东新区向民办幼儿园购买学位采用资金组合支付方式,给予民办幼儿园"'地段生'生均补贴"和根据"地段生"比例给予园舍"低租金""减免租金"的优惠。2006 年,"'地段生'生均补贴"为 2 000 元/年,在低租金的基础上,对"地段生"占全园在读幼儿 20%及以上比例的,给予减免租金;"地段生"人数达到 40%及以上比例的,给予零租金的优惠。当年度公办幼儿园生均经费为 9 276 元,许多民办幼儿园出于自我保护的考虑,有意无意地隐瞒了"低租金"和"减免租金"的优惠,只向"地段生"家长公示了 2 000 元/生的"'地段生'生均补贴",致使"地段生"家长误认为政府出价太低,并片面认为低价的服务质量必然是劣质的,因而不愿意到民办幼儿园就读,也有一些家长通过增加支付"兴趣班费""特色班费",以求得所谓的"优质服务"。这使得政府向民办幼儿园购买学位的举措在社会上引起负面反响,人大代表、政协委员们纷纷提案,要求把租赁给民办幼儿园的园舍收回用于开办公办幼儿园,一时间,民办幼儿园的发展之路遇到障碍。

上述案例从反面说明,良好的意愿未必有良好的结果。要将"调查研究"和"科学决策"列入决策程序,以实事求是的态度,深入实际,探究真相和可能出现的问题,在此基础上,广泛听取意见,并运用科学的手段和方法进行决策。同时,一经决定,就应该通过一定的程序予以保障,并持之以恒地执行,只有这样,才能为良好的结果打下基础。

(二)建立公开透明的采购程序

在政府购买学前教育服务的过程中,应主动公开信息,尤其是将购买服务的内容、惠及人群、财务开支、监管程序和部门等关键信息予以公开,让政府购买学前教育服务在阳光下透明运行,使购买学前教育服务的过程成为接受大众监督的过程。同时,以开放的心态,公开政府购买学前教育服务的信息,吸引社会组织参与政府购买学前教育服务,使卖家队伍不断扩大和优化,并以此促进政府购买的学前教育服务。

1. 加强宣传,加强引导

信息技术的高度发达,使社会进入自媒体时代。媒体,不再是一个由专业机构垄断、由专业人士操作的领域,越来越多的普通人可以自由地发表意见、传播信息,人人都可以成为新闻的记录者和传播者。网络使个体自我动员能力迅速提高,各种真的、假的、虚的、实的、好的、坏的信息可以在短时间内不限范围地快速传播。例如,湖南女孩郭美玲在微博上的炫富行为一经曝光,被网友大量转发后迅速升级为"郭美美事件",给红十字会造成巨大压力,引起举国上下对慈善事业的聚焦,进而推进了公益组织的公信力建设;一则《山寨费列罗,I SAY NO》的帖子引起网友普遍关注,发帖人记述了自己误买山寨"费列罗"巧克力的遭遇,并介绍了甄别"费列罗"巧克力的窍门,网友们在感叹"消费者在购买商品时还需要具备鉴别假冒伪劣商品本领"的同时,纷纷质疑政府相关部门对市场的监管能力和履职态度。自媒体让个体从只关心自己的事、身边的事,逐渐发展到关注国事、家事、天下事,公民意识不断强化,并促进着社会良性发展。

与此同时,在新媒体推动下,世界变得扁平而透明,任何风吹草动都有可能形成热点、焦点问题,政府部门只有公开政务,积极主动地接受社会的检阅和监督,才能杜绝在行使职权的过程中进行权力寻租,以及社会组织在承担学前教育服务的过程中进行利益寻租的行为,才能赢得社会的理解和支持。政府在购买学前教育服务过程中,应加强宣传引导,争取社会舆论的理解和支持。所谓舆论,是指多数人对某一事件的意见或态度。南京大学董秦认为,舆论是利害相近的人对某种事情大体一致的议论。社会舆论是影响社会大众的思想观念、反映社会大众共同心声的重要力量。加强舆论的宣传与引导,有利于激发社会大众对学前教育的重视,推进儿童早期关注和科学养育工作;有利于促进社会大众对政府购买学前教育服务决策的理解,培养公民参政议政的能力;有利于增加社会大众对社会组织的了解和认同,营造促进社会组织健康成长的社会环境。

2. 公开透明,规范有序

建立透明、开放的程序,解除限制和禁锢,公开政府购买学前教育服务的相关信息,进行规范有序的操作,有助于发动社会力量,鼓励更为广泛的社会组织参与政府购买学前教育服务。

对中国境内多地政府购买学前教育服务的研究表明，目前社会组织提供的学前教育服务产品单一，主要集中在直接面向适龄儿童的学位生产上，一些推进学前教育发展的评估类、管理类产品严重不足；普惠性学前教育服务供不应求，多地政府为解决入园矛盾而不得不退而求其次，致使学前教育服务良莠不齐，儿童家长与社会的满意度总体偏低。

事实上，社会组织具有投入学前教育的积极性，但由于信息不公开、不透明、不通畅，大量社会组织因无法获取信息而止步于门外；个别地区由于操作不规范、无序混乱，也使得大量社会组织望而却步。因此，在政府购买学前教育服务的过程中，应设立"公开"程序，及时、广泛地公告相关信息，扩大公众知晓度，同时，规范、有序地操作，鼓励和吸引社会力量参与政府购买学前教育服务，壮大学前教育服务的卖家队伍，并形成良性竞争、优胜劣汰的态势，不断提高政府购买学前教育服务的质量和效率。

三、建立促进学前教育市场健康发展的机制

如果将中国的学前教育市场比作一个尚在学步中的孩童，应该是最恰当不过的：学前教育市场初具雏形，市场机制尚不健全，买家经验不足、犹豫不决，卖家数量寥寥、质量不高，产品种类稀少且质量参差不齐。但也应该看到，社会组织参与学前教育的积极性高涨，整个市场充满勃勃生机，只需精心培育，假以时日，其必将成为学前教育公共服务体系中一支不可小觑的生力军。促进学前教育

市场健康发展既是当务之急,也是需持之以恒的工作。

(一) 建立政府购买学前教育服务的长效机制

上海浦东新区是我国最早向中介机构购买学前教育管理服务的地区,最早产生的学前教育管理中心清一色在一些示范幼儿园中孕育,由示范园园长兼任管理中心主任,并以示范幼儿园为"母体"开展委托管理业务。随着时间的推移,年龄最大的园长兼主任临近退休,临退休前,她向教育局提出要求,希望以"零月薪"无偿继续担任示范幼儿园园长,原因是离开了"母体"的支撑,难以完成政府委托的另外几所幼儿园的托管工作。无独有偶,其之后一位到退休年龄的园长由于同样的原因,也提出了同样的要求。这些管理中心早已过了"扶上马,送一程"的三年扶持期,为何还是如此缺乏独立生存能力呢?从对管理中心举办者的访谈中得知:作为管理中心的负责人,他们实在不清楚以后还有没有托管业务,因而也不敢贸然花大笔经费和大量精力建设管理中心。由于对未来发展趋势没有把握,也就缺乏自我发展的内在驱动力,管理中心真正成了没有人员、没有独立办公场所的"皮包"中心。这些管理中心的机构多数设立在公办幼儿园内,所有的办公成本都依赖于由财政经费保障的公办幼儿园,管理人员由公办幼儿园在职人员兼任,委托管理是为完成政府交付的任务,而非获取个人私利,他们没有为生存而拼搏的需求和必要,长此以往,几乎丧失了独立生存的能力。随着首批委托管理人员逐渐进入退休年龄,一些管理中心逐步从公办幼儿园中剥离,另有一些新成立的管理类中介机构加入进来,这些中介机构尽管力量薄弱,但"身家"规范,具有参与建立学前教育公共服务体系的主观意愿和专业实力。

面对新形势,政府部门应建立长效机制,让中介机构清楚地看到政府购买学前教育服务是一项长期实施的政策,只要自身够努力、够实力,就可以不断争取到相关业务。这样,才会激励这些机构开展包括人力资源、课程资源、制度文本等一系列内涵建设,不断做强做大自己,增强竞争实力;同时,长期稳定的购买服务政策,也有利于吸引更多有识之士加入这个行列。如果参与政府购买服务的社会组织只有寥寥几家,甚至只此一家,就失去了政府通过购买服务以竞争促质量、以市场促效率的初衷。只有卖家队伍不断壮大,卖家所提供的服务品种才会逐渐丰富,政府购买服务的可选择范围也才能随之扩大,这样才可能"好中选优""优胜劣汰",才能真正提高购买服务的质量和效率,进而将政府购买学前教育服务推入良性发展的轨道。

(二)建立学前教育服务产品的成本核算与价格估算机制

商品价格是商品价值的货币表现,商品是使用价值和价值的统一体。商品的价格主要由生产成本、流通费用、税金和利润四部分组成,其中,生产成本指生产产品的各种劳动消耗,是商品价格构成中最基本的要素。

学前教育服务价格的制定,首先要符合价值规律的要求,即学前教育服务的价格应反映学前教育服务的生产成本、流通费用、税金和利润,其中,可将一定比例的利润用于对举办者的回报。目前,全国各地购买学前教育学位的情况,大约是根据当地财政情况而定,若财政宽裕,就多给民办幼儿园一些经费;若财政紧张,就少给一些经费。至于民办幼儿园办学的生均成本是多少,所拨付的经费占民办幼儿园办学成本的比例是多少,很少有做测算的。由于未做过科学测算,办学的盈亏情况只能单凭民办幼儿园说了算,政府部门对民办幼儿园服务质量提要求时就显得依据不足、底气不够。

合理回报是购买学前教育服务过程中的一个敏感问题,业内普遍认为既然是公益事业就不应该获取"回报";作为出售服务的卖家,迫于公益事业的压力,也不敢正大光明地要求回报,于是通过虚报修缮经费、虚报人员开支等方式在办学过程中违规偷取"回报"。《中华人民共和国民办教育促进法》规定,举办者可以取得"合理回报"。古人云,"无利不起早",为激励社会组织参与生产学前教育服务的积极性,应实事求是地承认"回报"的合理性和必要性,规定"回报"的上限及获取"回报"的条件,并将之纳入学前教育服务价格核算的范围,使其在阳光下规范操作。

在具体实施政府购买学前教育服务时,应根据当前学前教育服务的供求情况,充分发挥价格的"杠杆"作用。当服务供不应求时,适当提高价格,以刺激更多社会组织加入学前教育服务的生产;当供大于求时,可利用生产者之间的竞争效应,使服务的价格适度下降。

合理的商品价格是商品交换正常开展的基础。建立学前教育服务产品的成本核算和价格估算机制,是促进学前教育市场健康发展、保证政府购买学前教育服务有序开展的基础。

(三)建立政府购买学前教育服务的质量监管机制

0~6岁儿童年幼无知,缺乏对事物的判断能力,缺乏自我保护能力,他们无法判别学前教育服务质量的优劣,更不可能主张和捍卫自身的权利,而学前教育阶段又是影响人的一生身心发展的关键期,对人一生的健康成长具有十分重要的意义。因此,在政府购买服务的同时,应建立质量监管机制,对学前教育服务进行过程监控,为儿童健康成长保驾护航。

目前,许多地区已经开始重视和建立对政府购买服务的监管制度,在购买服务、拨付经费后,开始对服务情况进行跟踪监管。在浦东新区,政府向民办幼儿园购买学位之后,又委托教育评估事务所对民办幼儿园进行"'地段生'政策执行情况专项评估"和"民办幼儿园质量认定",以及委托会计师事务所进行"民办幼儿园财务检查",全面了解民办幼儿园办学质量、财务情况及"地段生"在民办幼儿园的境遇,对违规幼儿园责令整改,对办学质量优良的幼儿园进行奖励。为了确保评估机构客观、公正、专业地开展评估,浦东新区又委托招标公司向社会公开招募并择优选择教育评估事务所和会计师事务所。教育中介机构的评估结果,通过浦东新区学前教育网进行公示,接受广大民众的监督。

综合各地的监管情况,有的由教育主管部门组织实施,通过定期和不定期的检查、教育督导、专项视导等多种形式进行;也有的委托中介机构组织实施,让第三方机构进行公正、客观、专业的评判;还有的是通过发动社会力量参与监管,鼓励自然人、党群社团、企业等各种社会力量,借助现代化信息平台,架构巨大的管理监控网络。

但应该承认,目前的监管机制并不完善,监管效能尚不明显,具体表现为以下几个方面。一是缺乏前置的制度保障。一些地区往往在问题爆发后,才开始进行"亡羊补牢"式的监管,监管工作还存在一定的随意性和不确定性,不利于有效遏制一些不法人员的侥幸心理。二是缺乏人力和财力支撑。监管是政府购买服务过程中不可或缺的重要环节和内容,需要大量人力和财力的支撑,但多数地区并没有配置专门的人员和经费,致使监管难以落到实处。三是对监管结果反应不足。监管只是走形式,只停留在对情况的反馈上,并未真正做到针对存在的问题,指导和督促服务提供者予以改进;同时,缺乏强有力的奖惩制度,并未真正做到通过奖优罚劣,全面推进行业发展。

监管制度的完善,不仅可以将问题解决在萌芽中、过程中,更能给服务提供者一种导向和威慑,在激励优质服务提供者规范运营的同时,警示心怀侥幸者不敢越"雷池"一步,引导和培育社会组织逐步形成契约精神。将监管结果向社会公告,不仅可以提高政府履职的透明度,增强政府的公信力,而且可以通过公告,加大宣传力度,有利于发动社会力量共同关心和参与学前教育事业。

为此,政府部门应进一步完善监管机制,设计严密的配套制度,扫除监管的"盲区",保障监管的人力和财力,形成公正、公平、公开的竞争环境,营造信守契约的诚信氛围,促进政府购买学前教育服务的高效和优质发展。

(四) 建立政府购买学前教育服务的反思改进机制

美国是实施政府购买学前教育服务政策较早的国家之一。在实施过程中,美国联邦政府及各州政府均建立了各种反思改进的机制,不断完善政府购买服务的制度设计。即便在政府购买服务制度较为成熟的今天,美国联邦政府和州政府还定期委托专业机构对政府购买服务的绩效进行科学评估,并进行民意动态测评,将此作为改进政府购买服务政策的重要依据。反思与改进已经成为美国政府改进行政行为的一种有效机制。

美国的经验提醒我们,应建立反思改进机制,以批判和审视的目光去检阅政府购买学前教育服务政策实施的效率、受益人群满意度、社会评价等,通过多种方式、多方位收集信息,并逐步优化服务项目的组成结构、内容、运作方式等,使政府购买学前教育服务更好地贴近百姓需求,并提高财政经费的效率。

建立反思改进机制,一要靠体制,即建立落实这一机制的相关组织,并明确其职能。在浦东新区,审计局下设绩效审计处,专门负责对财政经费投入后的绩效评估,通过过程监控和事后反思,不断优化政府购买服务政策。二要靠制度,政府部门应建立各项制度,积极提高信息收集、分析判断、应对反馈、控制调节等能力,开通与社会组织、受益人群及社会大众交流互动的渠道,主动改进政府购买学前教育服务的政策。

第六章 结 语

研究表明,学前教育具有正外部性。所谓外部性,是指一个经济活动的主体对它所处的经济环境的影响。正外部性能够为社会和其他个人带来收益或能使社会和个人降低成本支出。学前教育对儿童本人、儿童家庭及社会都具有溢出效应,佩里方案研究得出,学前教育投入回报率高达1∶17,是一种最为经济的、回报率最大的公共投入。学前教育的正外部性,为财政投入学前教育,以及政府购买学前教育服务提供了正当理由和切实依据。

分析研究美国密歇根州和中国香港与中国内地部分地区的实践发现,影响政府购买学前教育服务的因素不仅有政府部门、社会组织等买卖主体,有市场机制、契约精神等交易环境,而且还有公办资源、相关政策等市场外因素。作为一种政策工具,政府购买学前教育服务不仅与当地社会、经济、文化密切相关,而且与施政者的价值取向及学前教育总体发展状况等紧密相连。

在中国,政府购买服务尚处于起步探索阶段,多地政府购买学前教育服务的主要动因是为了弥补普惠性学前教育资源不足问题,是为了响应中央号召和呼应民生需求。目前,这一政策已经取得一定成效,通过政府购买服务,各地普惠性学前教育服务供应量大幅增加,民办幼儿园保育教育费得到一定控制,各级各类幼儿园的保教质量有了不同程度的提高。但是,政府购买服务也存在诸多问题,必须引起各方重视,并研究制定应对策略。

第一,科学规划、合理布局公办幼儿园与民办幼儿园的发展。目前,全国公办幼儿园与民办幼儿园之比为4:6,政府手中可调配的普惠性学前教育资源供不应求,多地政府不得不通过向民办幼儿园购买学位,解决"入园难""入园贵"的矛盾。事实证明,向民办幼儿园购买服务是有效、快捷解决入园矛盾的举措之一,而且向民办幼儿园购买学位的成本远低于政府亲自举办公办幼儿园的成本。各地政府根据实际情况,通过给予民办幼儿园生均补贴,向民办幼儿园提供玩教具资助、教师工资资助等方式向民办幼儿园购买服务,并以此要求民办幼儿园降低收费标准,引导民办幼儿园参与普惠性学前教育服务体系的建设。

在政府不断向民办幼儿园注入资金、购买服务的同时,一些问题也逐渐浮出水面,并引起关注。其一,尽管向民办幼儿园购买学位的成本不高,但随之带来的管理成本并不低,且民办幼儿园的趋利本能致使服务质量良莠不齐,人们因此对政府购买学前教育服务产生质疑。为此,魏伯乐等学者认为,只有政府提供不好或提供不了的产品,才适合向社会组织购买;政府能够正常提供的产品,尤其是涉及民众公共利益的产品,应该由政府来组织生产。其二,随着政府购买服务政策的推进,民办幼儿园队伍迅速扩大,有人担心过分依赖社会组织提供学前教育服务,一旦当民办幼儿园的力量壮大到一定程度,就有可能出现政府难以驾驭的风险,甚至有可能出现整个普惠性学前教育公共服务体系崩溃的局面。

尽管从目前的情况看,通过政府向民办幼儿园购买服务,基本解决了学前教育服务的供应问题,但实践告诉我们,不能把所有的鸡蛋放在一个篮子里,应该建立多渠道的学前教育供应体系,才能确保供应链的可靠无误。政府部门应合理规划、科学布局公办幼儿园与民办幼儿园的发展,使公办幼儿园与民办幼儿园之间形成相互制约、适度竞争、互补互动的关系,这样才能形成健康、可持续发展的学前教育公共服务体系,同时也才能真正促进民办幼儿园的健康、可持续发展。

第二,逐步健全和完善学前教育市场。市场是政府购买服务政策赖以延续、购买服务行为得以实施的基本环境,健全和完善学前教育市场,是保障政府购买学前教育服务有效实施的基础。

建立科学、合理的定价机制是关键。作为一种难以量化的"软服务",学前教育服务价格难以核算;长期沿承的行政管理模式,使政府部门始终放不下身段真正与社会组织平起平坐地协商价格;对学前教育公益性的定位,以及政府财政囊中羞涩的现状,常常使政府部门在购买服务过程中出价偏低,并强势要求提供服务的社会组织"不求回报"。买卖过程中的弱势地位,使社会组织在定价过程中几乎不具有话语权,只能毫无抗辩能力地全盘接受政府的定价;而"资本寻利"的本性,又促使他们在低价位下拼命压缩成本,在"暗箱"中谋取利润。低成本加"暗箱"操作必然会引发各种问题和矛盾,致使政府部门不得不花费大量的人力、财力进行监管。在政府购买学前教育服务过程中,政府部门与社会组织之间围绕价格和质量而展开的博弈,实质上是市场不健全、定价机制缺失的反映。这就要求政府部门尽快建立包括平等协商、科学核算、公开信息在内的学前教育服务定价机制。

建立契约精神是又一个重要课题。契约精神如同教育市场中的"血液",具有营养社会组织、调节买卖活动、防御有害行为的作用。契约精神是促进学前教育市场健康发展的重要保障,需要买卖双方共同信守和维护。

建立契约精神,一要政府部门调整心态,真正把社会组织当作合作伙伴,平等地与伙伴开展谈判,让社会组织心悦诚服地履行契约;二要完善监控机制,创设一个让人诚信履职、不敢心存侥幸的制度环境和监管体系,逐步形成契约精神;三要对胆敢违规触犯底线者严厉惩戒,以儆效尤。政府部门可通过加强宣传、严格监督、奖优罚劣等手段,逐步建立并持之以恒地培养卖家的契约精神,促进学前教育市场健康、持续发展。

第三,建立政府、社会组织和个人共同参与、各尽其责的学前教育公共治理结构。政府、社会组织和个人等多元主体共同参与学前教育公共产品的提供、公共事务的管理,建立对话、协商、谈判、合作、监督、互动等机制,在政府购买学前教育服务过程中分享权利、分担责任、互惠共赢。

在政府购买学前教育服务中,政府承担有限责任,主要通过制定学前教育规划、调配学前教育资源、提供学前教育服务、监控学前教育质量等,满足适龄儿童基本的学前教育需求;而社会组织和个人,对丰富学前教育产品、补充政府资源不足、提高学前教育效率具有不可替代的作用,是公共服务治理结构中不可或缺的生力军。俞可平曾指出,在政府部门之外,其他社会组织也可以参与维持秩序,参加经济和社会调节,[①]建立多元主体共同参与的治理结构。

发挥社会组织在学前教育公共事务中的作用是现代社会的必然发展趋势。鼓励社会组织参与学前教育服务的供应,在弥补学前教育资源不足、保证学前教育公平与效率的过程中承担社会责任;充分发挥中介机构在学前教育评估、管理等事务中的积极性,鼓励中介机构以其独立、专业、客观的视角,参与学前教育事务管理,对保障学前教育的公平和效率、对促进学前教育公共服务体系的健全和发展都具有不可替代的作用。

目前,市场上教育类中介机构尚在起步阶段,数量少、各方面还不完善,这就要求政府部门调动市场机制,积极培育中介机构,并使其充分发育,成为政府在学前教育公共事务管理中的合作伙伴,进一步延伸和深化政府管理。

个人既是学前教育公共服务的受益人,也是社会组织的潜在发起人。培养个人的公民意识,使其具备对国家、对社会的责任感,并在政府购买学前教育服务中积极参与,发表意见、提出诉求、进行监督和评估,这是健全的公共治理结构中的重要一环,也是政府购买学前教育服务中不可或缺的一环。

一是对政府购买学前教育服务进行系统的研究。现有的文献

---

① 俞可平.治理与善治[M].北京:社会科学文献出版社,2000.

资料中有关政府购买教育服务的研究并不太多,政府购买学前教育服务的研究更是鲜有。尽管学前教育是基础教育的组成部分,政府购买学前教育服务与购买教育服务有许多相同、相通、相近之处;但学前教育自有其独特性,学前教育中"保教结合""就近入园"等特点,影响着政府的购买政策和行为。本研究根据3～6岁儿童的学段特点,对政府购买学前教育服务进行了系统研究,并力图通过研究发现问题、分析问题、解决问题、总结经验、揭示规律。

二是由内而外、自下而上地开展研究。资料显示,目前对政府购买教育服务进行研究的多为大专院校或专业机构的研究人员,是制定和实施购买服务政策的"局外人",他们运用理论审视实践,由外而内、自上而下地开展研究,其优势是能够较好地把握全局和抓住关键。但教育服务是一种"软服务",具有无形性和不可分离性,其服务质量和绩效往往由多种因素综合作用而形成,具有难以量化、难以物化的特点。作为政策制定、实施和监控的"局内人",笔者始终"浸润"于政府购买学前教育服务的过程之中,切身体验着诸多因素对政府购买学前教育服务的影响,亲身经历着政府购买学前教育服务的种种成效和存在问题。笔者的工作岗位、工作经历和切身体验,为本研究提供了独特的视角和丰富的素材;从"内部"来分析问题、研究问题,进而解决问题和剖析成效,是一种由内而外、自下而上的研究,这使得本研究直接"地气"。

三是利用上海浦东新区等地政府购买学前教育服务为案例,深入、细致地解剖"麻雀"。上海浦东新区是全国最早实施政府购买学前教育服务的地区,也是目前购买学前教育服务种类最多、相关配套制度相对完善的地区。本文以上海浦东新区政府购买学前教育服务为案例,对鲜活的实例进行剖析,并与美国以及中国香港和中国内地部分地区进行比较,尽可能多地汲取理论研究和实践探索的"养分",以更广阔的视野和专业的眼光去审视和反思政府购买学前教育服务的政策制定、实施及后续保障的合理性、科学性和有效性,点面结合地开展研究,使本研究更具实效。

由于政府购买学前教育服务尚处于初级阶段,加之笔者学识、能力所限,本研究存在许多不足与有待改善之处。好在本书的研究内容与笔者的工作性质相一致,笔者将有更多的时间和机会开展进一步的研究与实践。

第一,科学测算民办幼儿园办学成本。民办幼儿园办学成本不仅是制定政府购买学前教育服务价格的重要依据,也是政府对民办幼儿园实施质量监控的重要基础。民办幼儿园出于自我保护的心理,不愿意公开其办学成本,因此,目前对民办幼儿园的成本核算多以公办幼儿园为参考。但事实上,公办幼儿园与民办幼儿园在经费收支上有很大不同,如公办幼儿园有退休教工福利制度,民办幼儿园则不需要这项支出;公办幼儿园按规定额度为员工缴纳社会保险,民办幼儿园往往为员工缴纳最低标准、最少项目的社会保险;公办幼儿园教职工收入有统一标准,民办幼儿园教职工收入完全依据合同执行,每人的工资待遇不尽相同,老板和员工可以议价;公办幼儿园旱涝保收,不需要在宣传方面进行花费,民办幼儿园为争取生源,必须花费相当的精力和财力做宣传;等等。同时,民办幼儿园多样化的办学特点,使不同的幼儿园有不同的办学成本,且落差很大。

如何权衡民办幼儿园的办学特色,科学、合理地测算其办学成本是一个难题。破解这一难题,将大大提高政府购买学前教育服务的绩效。

第二,健全学前教育服务市场。学前教育服务市场是政府实施采购活动的场所,市场的生态环境是影响政府购买学前教育服务质量和效率的重要因素,并间接影响政府购买学前教育服务的规模和水平。在中国,建立和维护一个健康、有序的市场,需要建立哪些机制?这些机制应该如何运用?机制的有效运用需要怎样的保障?这些都是政府购买学前教育服务本土化过程中必然会遇到的问题,需要在由理论到实践的转化过程中不断探索。

第三,统筹协调公办幼儿园与民办幼儿园的发展。公办幼儿园与民办幼儿园之间是一种相互依存、相互制约、相互竞争的关系,在整个学前教育公共服务体系中,公办幼儿园与民办幼儿园各具特长,承担着各自的职能,任何一方都不可替代。公办幼儿园与民办幼儿园的发展,不仅直接影响政府购买服务的规模、水平和质量,而且影响整个学前教育公共服务格局的形成。研究制定公办幼儿园与民办幼儿园的设置比例,合理定位公办幼儿园与民办幼儿园的服务对象,统筹协调公办幼儿园与民办幼儿园的错位发展,不仅有利于政府购买学前教育服务的顺利、有序开展,而且对构建面向不同层次适龄儿童的、多元化的、健康可持续的学前教育服务体系具有积极意义。

总而言之,政府购买学前教育服务是一项好政策,但要让好政策发挥好实效,还有很长一段路要走,这不仅需要政府部门和学前教育工作者们全力以赴、积极探索,也需要社会组织乃至整个社会高度关注、积极支持。

参考文献

[1] 蔡迎旗.幼儿教育财政投入与政策[M].北京:教育科学出版社,2007.

[2] 中国教育年鉴编辑部.中国教育年鉴2005[M].北京:人民教育出版社,2006.

[3] 中国教育年鉴编辑部.中国教育年鉴2010[M].北京:人民教育出版社,2011.

[4] [德]魏伯乐,[美]奥兰·扬,[瑞士]马塞厄斯·芬格.私有化的局限[M].周缨,王小卫,译.上海:上海人民出版社,2006.

[5] 俞可平.治理与善治[M].北京:社会科学文献出版社,2000.

[6] 上海市浦东新区社会发展局.中国教育改革前沿报告——浦东新区公共治理结构与服务体系研究[M].上海:上海教育出版社,2009.

[7] 栗玉香.教育财政学[M].北京:经济科学出版社,2009.

[8] 郝如玉,吴素芳.财政视角下的教育多元化研究[M].北京:中国财政经济出版社,2009.

[9] 教育部发展规划司.教育规划理论与实践[M].北京:中国大百科全书出版社,2006.

[10] 孙学玉.公共行政学[M].北京:社会科学文献出版社,2007.

[11] 杨克瑞,谢作诗.教育经济学新论[M].北京:人民出版社,2007.

[12] 靳希斌.论教育服务及其价值[J].教育研究,2003(1).

[13] 曾晓东.幼儿教育的财政投入体制改革亟需理性设计[J].幼儿教育,2006(10).

[14] 李慷.关于上海市探索政府购买服务的调查与思考[J].中国民政,2001(6).

[15] 韩俊魁.当前我国非政府组织参与政府购买服务的模式比较[J].经济社会体制比较,2009(6).

[16] 俞晓波.地方政府公共服务购买的实践与发展趋向——以上海浦东购买教育公共服务为例[J].天府新论,2012(3).

[17] 王善安.关于我国政府购买学前教育服务的思考[J].早期教育(教科研版),2012(2).

[18] 周翠萍.关于政府购买教育服务的制度设计[J].教学与管理,2010(5).

[19] 陈世岚.国外政府购买教育服务的典型及启示[J].探求,2013(4).

[20] 冯俏彬,郭佩霞.我国政府购买服务的理论基础与操作要领初探[J].中国政府采购,2010(7).

[21] 周翠萍.我国政府购买教育服务的风险分析[J].教育科学,2010(10).

[22] 王玲艳,刘颖.西方政府购买(教育)服务的背景、运行机制及其应注意的问题[J].学前教育研究,2011(5).

[23] 魏中龙,巩丽伟,王小艺.政府购买服务运行机制研究[J].北京工商大学学报(社会科学版),2011(3).

[24] 周翠萍.政府购买教育服务的内涵、类型与展望[J].全球教育展望,2010(8).

[25] 刘颖.政府购买学前教育服务的政策研究:理论、国际经验与启示[J].比较教育研究,2013(8).

[26] 王海英,王丽燕.政府购买幼儿教育服务的条件与风险防范机制[J].幼儿教育(教育科学),2011(11).

[27] 蔡迎旗,冯晓霞.政府财政投入公办幼儿园方式的选择[J].教育与经济,2008(1).

[28] 张新芳,王海英.对2010年以来我国学前教育财政投入政策的分析[J].幼儿教育(教育科学),2013(3).

[29] 蔡迎旗.国外幼儿教育财政资金的配置类型、政策及其启示[J].上海教育科研,2006(9).

[30] 庞丽娟,夏婧,韩小雨.香港学前教育财政投入政策:特点及启示[J].教育发展研究,2010(11).

[31] 刘小蕊,庞丽娟,莎莉.美国联邦学前教育投入的特点以及对我国的启示[J].学前教育研究,2007(3).

[32] 唐文秀.论我国学前教育财政投入政策的价值诉求[J].内蒙古师范大学学报(教育科学版),2013(6).

[33] 李召存,姜勇,史亚军.国际学前教育公共经费投入方式的比较研究[J].全球教育展望,2009(11).

[34] 田志磊,张雪.中国学前教育财政投入的问题与改革[J].北京师范大学学报(社会科学版),2011(5).

[35] 庞丽娟,范明丽.当前我国学前教育管理体制面临的主要问题与挑战[J].教育发展研究,2012(4).

[36] 刘焱.对我国学前教育几个基本问题的探讨——兼谈我国学前教育未来发展思路[J].教育发展研究,2009(8).

[37] 刘占兰.学前教育必须保持教育性和公益性[J].教育研究,2009(5).

[38] 洪秀敏,庞丽娟.学前教育事业发展的制度保障与政府责任[J].学前教育研究,2009(1).

[39] 王海英.学前教育不公平的社会表现、产生机制及其解决的可能途径[J].学前教育研究,2011(8).

[40] 庞丽娟,韩小雨.中国学前教育立法:思考与进程[J].北京师范大学学报(社会科学版),2010(5).

[41] 魏中龙.政府购买服务的动作与效率评估研究[D].武汉:武汉理工大学,2011.

[42] 柯佑祥.民办高等教育盈利问题研究[D].厦门:厦门大学,2001.

[43] 乐小萍.我国学前教育服务供给多元化特征研究[D].南京:南京师范大学,2012.

[44] 周翠萍.我国政府购买教育服务的政策研究[D].上海:华东师范大学,2011.

[45] 王敬.我国幼儿教育财政投入优化研究[D].北京:首都经济贸易大学,2012.

[46] 吴红萱,江大纬.无锡11项公共事业实行"政府购买服务"[N].中国社会报,2006-06-19.

[47] 唐文秀.论我国学前教育财政投入政策的价值诉求[N].内蒙古师范大学学报(教育科学版),2013(6).

[48] 王洪兵,温颖.美国政府购买教育服务模式的特色及启示[N].天津电大学报,2013(3).

[49] 兰州市城关区教育局.抢抓机遇创思路积极扶持促发展("普惠性民办园政策研究"结题报告)[R].内部资料,2013.

［50］柏檀."普惠性民办园管理与政策研究"结题报告之成本核算调查报告("普惠性民办园政策研究"结题报告)[R].内部资料,2013.

［51］中国学前教育研究会学前教育管理专业研究会.香港学前教育资助政策选编[G].内部资料,2011.

［52］"普惠性民办园政策研究"课题组."普惠性民办园政策研究"文件汇编[G].内部资料,2013.

［53］上海市教委基教处.上海市学前教育三年行动计划(2011—2013年)起草说明[Z].内部资料,2011.

［54］贾西津.公共服务购买——政府与社会组织的伙伴关系［OL］.http://www.360doe.com/content/10/1110/10/2483171_68142626.shtm.

附录一 上海浦东新区委托管理幼儿园的评估指标及问卷

上海浦东新区委托管理幼儿园终期评估指标

一级指标	二级指标	评估要点	优良	合格	信息采集	等第
A1 管理中心	B1 托管方案	托管目标	(1) 托管目标有较高的科学性、适切性和可操作性 (2) 托管目标注重托管园的"造血"功能的形成 (3) 托管目标得到托管幼儿园的广泛认可	(1) 托管目标基本符合托管幼儿园情况 (2) 托管目标得到托管幼儿园的基本认可	[参阅]托管方案、有关托管目标调整和托管经费使用的档案、托管团队工作计划和总结、托管协议、规章制度等 [访谈]就管理中心派出团队的资质及工作情况,托管目标的调整情况、适切性和达成度,托管经费使用和监控等问题,访谈管理中心负责人、园长、相关人员和教师等	
		托管措施	(1) 托管措施具体、得力、有显著成效 (2) 托管方案的执行情况良好,目标达成度高	(1) 托管措施具体、可操作、有成效 (2) 托管方案能按计划执行,基本达成各项托管目标		
		托管内容	(1) 围绕托管目标制定托管内容 (2) 托管内容明晰、有层次性 (3) 托管内容涵盖推进幼儿园全面发展的各个方面	(1) 托管内容基本围绕托管目标制定 (2) 托管内容明晰、便于操作 (3) 托管内容基本涵盖推进幼儿园发展的各方面		
		调控机制	(1) 建立由幼儿园、社区、幼儿家庭组成的托管工作反馈机制,主动、及时地了解托管情况 (2) 有效实施托管工作各阶段目标,并做到及时检测反馈,有效提高托管成效	(1) 定期或不定期地反思托管工作,了解托管工作进展情况 (2) 基本贯彻托管工作各阶段目标,能根据托管情况及时调整托管方案		

续表

一级指标	二级指标	评估要点	优良	合格	信息采集	等第
A1 管理中心	B2 托管团队	专业水平	(1) 托管团队专业素养强,具有较强的工作能力,得到托管幼儿园认同,有较高的威信 (2) 托管团队制订切合实际的工作计划,建立明确的工作制度,执行情况良好 (3) 托管团队能较好地帮助托管幼儿园组建师资队伍、理顺同托管幼儿园的关系,形成合力	(1) 托管团队专业素养较高,托管工作得到托管幼儿园的基本认同 (2) 托管团队制定较为明确的工作制度,并基本得到执行 (3) 托管团队帮助幼儿园组建师资队伍,与托管幼儿园的关系较为融洽	[观察]管理中心派出团队的工作情况,托管目标的达成情况 [问卷]见教师问卷	
		人员结构	有一支较为稳定、结构合理、责任明确、切实符合托管幼儿园需要的托管团队	有一支较为稳定、合理的托管团队		
	B3 托管经费	经费使用情况	(1) 严格做到专款专用,经费使用范围符合相关规定 (2) 经费使用程序规范,且合理、有效,能主动接受有关部门监控	(1) 严格做到专款专用,经费使用范围符合相关规定 (2) 经费使用程序规范,接受有关部门监控		
A2 托管幼儿园	B4 幼儿园管理	组织领导	(1) 管理中心派出人员与托管幼儿园干部重新整合形成新的幼儿园管理团队。管理团队团结合作,结构合理,职责明确,运行有序、高效 (2) 实行目标管理,把办学目标分解到各个部门与个人,形成	(1) 管理中心和托管幼儿园组成新的管理团队,能履行幼儿园各项管理职能,运行基本正常 (2) 实行目标管理,把办学目标分解到各个部门与个人,形成目标体系,基本能达成目标	[参阅]幼儿园各项规章制度、幼儿园发展规划、教代会记录、家委会和家长会记录、各部门工作计划	

续表

一级指标	二级指标	评估要点	优良	合格	信息采集	等第
A2托管幼儿园	B4幼儿园管理	组织领导	目标体系,目标达成度高 (3)建立并不断完善与办学目标相适应的幼儿园各项规章制度,形成文本,并逐步系统化、精细化。制度能有效执行	(3)能根据幼儿园的实际情况建立各项常规管理得到基本保证。能较好地执行制度	[访谈]就办学理念,幼儿园发展规划及其制定、实施和认可等情况,访谈园长、相关负责人、教师和家长代表 [观察]规划的实施情况,依法治园的理念、民主化管理、管理效能 [问卷]见教师问卷、家长问卷	
		规范办学	(1)重大事项按规定程序决策;园务公开,保证教职工和家长参与幼儿园管理的权力 (2)控制班额。小班25人,中班30人,大班35人 (3)园长、教师、保健员、保育员、炊事员等各岗位人员的学历、资格符合规定要求。定期体检率100% (4)规范收费。不得以培养幼儿某种专项技能为由另外收取费用,不统一组织或要求幼儿家长购买各类未经上级审定或认可的学习资料	(1)重大事项按规定程序决策;园务公开,保证教职工和家长参与幼儿园管理的权力 (2)控制班额。小班25人,中班30人,大班35人 (3)园长、教师、保健员、保育员、炊事员等各岗位人员的学历、资格符合规定要求。定期体检率100% (4)规范收费。不得以培养幼儿某种专项技能为由另外收取费用,不统一组织或要求幼儿家长购买各类未经上级审定或认可的学习资料		
		调控激励	(1)围绕既定的办学目标与任务,对幼儿园发展的各个领域能有计划、全方位地进行反馈与调控	(1)围绕既定的办学目标与任务,对幼儿园发展进行反馈与调控 (2)建立家委会和		

续表

一级指标	二级指标	评估要点	优良	合格	信息采集	等第
A2 托管幼儿园	B4 幼儿园管理	调控激励	(2)建立家委会和家长参与幼儿园管理制度，充分发挥其对幼儿园的监督与评价作用 (3)坚持群体激励与个体激励相结合，采取多种手段与方法调动和激发教职工积极性和创造性	家长参与幼儿园管理制度，定期召开家委会和家长会 (3)重视调动和激发教职工积极性和创造性，各项工作有序运行，并取得一定成效		
	B5 课程教学	课程计划	(1)设计个性化、切实可行的幼儿园课程计划，课程目标以促进幼儿和谐发展为取向，课程内容体现整合、开放的特点 (2)共同性课程、选择性课程安排科学、合理 (3)合理安排生活活动、运动、学习活动、游戏活动四类活动的时间比例	(1)依据《上海市学前教育课程指南》和幼儿园实际，领导与教师共同编制结构完整的、可操作的幼儿园课程实施方案 (2)创造性地实施共同性课程的同时，积极开发能体现幼儿园特点、社区资源优势与幼儿个性化发展的选择性课程 (3)合理安排生活活动、运动、学习活动、游戏活动四类活动的时间比例	[参阅]有关保教工作计划、一日活动安排、一日活动计划、听课记录 [访谈]就保教工作的规范和质量、保教质量反馈机制、幼儿的学习方法和习惯等情况，对教师和幼儿家长进行访谈 [观察]一日活动组织、教学方式和效率	
		教育活动	(1)加强"一日活动"各个环节流程管理，制定符合幼儿年龄特点的"一日活动"常规要求或操作细则 (2)为幼儿创设安全、卫生、温馨、自主的环境，充分发挥环境的教育作用	(1)重视"一日活动"各个环节流程管理，制定"一日活动"常规要求 (2)重视环境创设，发挥环境的教育作用 (3)师幼关系融洽，活动环境设计有利		

续表

一级指标	二级指标	评估要点	优良	合格	信息采集	等第
A2 托管幼儿园	B5 课程教学	教育活动	（3）师幼关系融洽，活动环境设计有利于激发幼儿学习与活动兴趣，有利于幼儿自主地与环境互动。 （4）一日活动体现教育目标要求，内容选择贴近幼儿实际，教学方法恰当、灵活多样，能有效运用现代化教育手段，尊重幼儿的自主学习与个体差异。教师能有效回应教学过程中的生成问题	于激发幼儿学习与活动兴趣 （4）一日活动基本体现教育目标要求，内容选择贴近幼儿实际，教学方法恰当，尊重幼儿的自主学习与个体差异。教师能关注教学过程中的生成问题	[问卷]见教师问卷、家长问卷	
		保育工作	（1）重视幼儿卫生保健与安全的宣传，建立幼儿园卫生保健、幼儿一日生活常规、安全保护等各项保育制度，制度执行良好 （2）针对保健工作中的难点或倾向性问题开展专题研究，成效明显 （3）合理安排幼儿食谱，注意膳食平衡，烹饪符合年龄特点，定期做营养分析，营养摄入量符合膳食标准 （4）安全制度健全、有效，无责任事故，一般事故发生率低于0.5%。制定突发事件应急预案	（1）重视幼儿卫生保健与安全的宣传，建立幼儿园卫生保健、幼儿一日生活常规、安全保护等各项保育制度，并有指导、检查与考核 （2）积极开展保健专题研究，有一定的成效 （3）合理安排幼儿食谱，注意膳食平衡，定期做营养分析，营养摄入量基本符合膳食标准 （4）制定安全制度，无责任事故，一般事故发生率低于0.5%。制定突发事件应急预案		

续表

一级指标	二级指标	评估要点	优良	合格	信息采集	等第
A2 托管幼儿园	B5 课程教学	特色创建	(1) 特色创建系统思考、整体规划,特色定位正确,能体现办学理念,有利于幼儿园整体发展 (2) 特色创建全员参与,教师与幼儿家长对特色创建的内涵与价值广泛认可 (3) 特色创建渗透于幼儿园各项工作,统领幼儿园整体发展,教师对特色创建积极性高 (4) 特色创建成效显著,幼儿园特色呈现独特性、整体性、稳定性与深刻性	(1) 特色定位正确,能体现办学理念,有利于幼儿园整体发展 (2) 特色创建全员参与,教师与幼儿家长对特色创建的内涵与价值基本认可 (3) 特色创建渗透于幼儿园各项工作,教师对特色创建积极性高 (4) 特色初步形成	—	
		质量评价	(1) 制定保教质量评价标准,并进行多样化、多元化的评价 (2) 加强对"一日活动"的指导、监督与检查,定期组织教师进行保教效果分析 (3) 建立保教质量管理的工作制度,形成自评、互评与他评相结合的保教质量监控与评价机制	(1) 采取多种方式对保教质量进行评价 (2) 加强对"一日活动"的指导、监督与检查,定期组织教师进行保教效果分析 (3) 建立保教质量管理的工作制度,形成自评、互评与他评相结合的保教质量监控与评价机制		
A2 托管幼儿园	B6 师资队伍	师德建设	(1) 教师爱岗敬业,教书育人,为人师表 (2) 建立教师职业道德标准和职业道德评价机制,幼儿家长对师德满意度高	(1) 积极引导教师爱岗敬业,教书育人,为人师表 (2) 建立教师职业道德标准和职业道德评价机制,幼儿家长对师德满意度较高	—	

续表

一级指标	二级指标	评估要点	优良	合格	信息采集	等第
A2 托管幼儿园	B6 师资队伍	园本研修	(1) 园本研修方案目标明确、针对性强、步骤清晰、措施具体。形成具有本园特点的运行、保障、激励制度 (2) 园本研修立足于解决保教工作中的实际问题，主题明确、形式多样、内容充实，逐步推进 (3) 教工参与面广，有效推进保教质量和教师专业化水平的提高	(1) 建立了园本研训制度，制订了面向全体保教人员的培训计划，措施具体 (2) 教科研工作正常开展，主题明确、形式多样、内容丰富 (3) 教工参与面较广，对提高保教质量和教师专业化水平有帮助	[参阅]师资队伍建设计划，教研组、备课组活动的计划和活动记录，教科研成果 [访谈]就幼儿园的教师专业化发展举措、园本研训制度等情况，对教师、管理中心相关人员进行访谈 [问卷]见教师问卷、家长问卷	
		教师培养	(1) 建立符合本园实际的多层次、分阶段的教师培养计划，并建立骨干教师的选拔、培养、使用与考核制度 (2) 积极创设条件，为教师发展搭建平台 (3) 形成区、署、园骨干教师梯队，骨干教师的数量明显增加、质量明显提升	(1) 制订教师培养计划，并认真执行 (2) 积极创设条件，为教师发展搭建平台 (3) 骨干教师数量有增加、质量有提升		
		园长能力	(1) 园长较好地贯彻执行托管方案，成效明显 (2) 自身素质好，得到教职员工普遍认同	(1) 园长较好地贯彻执行托管方案，有一定成效 (2) 基本得到教职员工的认可		

续表

一级指标	二级指标	评估要点	优良	合格	信息采集	等第
A2 托管幼儿园	B7 幼儿发展	身体素质	(1) 喜欢参加体育运动,动作协调,平衡性好 (2) 身体健康,幼儿常见病、传染病率低,肥胖人数少,出勤率高 (3) 生长发育符合规定标准	(1) 愿意参加体育运动,动作协调,平衡性好 (2) 身体健康,幼儿常见病、传染病率较低,肥胖人数少,出勤率较高 (3) 生长发育基本符合规定标准	[参阅]幼儿培养目标、有关幼儿身心发展的各项数据 [访谈]就幼儿的行为习惯等情况,对教师、家长进行访谈 [观察]半日活动	
		行为习惯	(1) 餐饮、洗刷、用眼、睡眠习惯良好 (2) 学习态度积极,学习兴趣浓厚,喜欢观察,能积极参与各项活动,并认真倾听、注意力集中 (3) 举止文明,坐站姿势正确,能主动与人打招呼,用语礼貌 (4) 热爱集体生活,有规则意识	(1) 大部分幼儿餐饮、洗刷、用眼、睡眠习惯良好 (2) 对学习有兴趣,喜欢观察,愿意参与感兴趣的活动 (3) 举止文明,坐站姿势正确,能与人打招呼 (4) 喜欢集体生活,有规则意识		
		自我意识	(1) 能认识自我,主动表达自己的意愿,对自己有信心 (2) 能适当调整自己的需求和行为,自主安排活动或休息,自主选择活动内容与形式 (3) 自己的事情愿意自己做,尝试不依赖他人,整理和保管好自己的衣物和玩具等	(1) 能认识自我,愿意表达自己的意愿,对自己有信心 (2) 学习调整自己的需求和行为,安排活动或休息,选择活动内容与形式 (3) 自己的事情愿意自己做,愿意尝试整理和保管好自己的衣物和玩具等		

续表

一级指标	二级指标	评估要点	优良	合格	信息采集	等第
A2 托管幼儿园	B7 幼儿发展	认知能力	(1) 具备数形时空等基础知识和基本常识,能积极运用语言或艺术等非语言方式表达、表现自我与生活 (2) 对周围事物有好奇心,喜欢摆弄、观察、提问、探索、尝试,去解决新的问题,有初步的想象和创造能力	(1) 具备数形时空等基础知识和基本常识,愿意运用语言或艺术等非语言方式表达、表现自我与生活 (2) 对周围事物有好奇心,愿意摆弄、观察、提问、探索、尝试,去解决新的问题,有初步的想象和创造能力		
		表达表现	(1) 能完整地叙述一件事,或清楚表达自己的需求和想法 (2) 对生活中美的事物表现出浓厚兴趣,愿意参与美术、音乐、故事表演等艺术欣赏活动	(1) 能较完整地叙述一件事,或基本表达自己的需求和想法 (2) 对生活中美的事物有兴趣,愿意参与美术、音乐、故事表演等艺术欣赏活动		
		交往合作	(1) 适应集体生活,愿与同伴友好相处,共同活动,分享玩具,有事能与同伴商量合作 (2) 乐意为集体做事,爱家人和老师,关心爱护同伴与残疾人	(1) 基本适应集体生活,愿与同伴友好相处,共同活动,分享玩具,有事能与同伴商量合作 (2) 愿意为集体做事,爱家人和老师,关心爱护同伴与残疾人		

续表

一级指标	二级指标	评估要点	优良	合格	信息采集	等第
A2 托管幼儿园	B8 文化建设	园风	(1) 形成积极的园风,内涵清晰,得到广大教工和社会广泛认同 (2) 园内人际(干群、师生、家园)关系较和谐	(1) 注重园风建设,内涵较为清晰 (2) 园内人际(干群、师生、家园)关系的改善,有一定成效	[参阅]幼儿园工会等活动记录 [观察]人际关系、校园环境 [问卷]见教师问卷、家长问卷	
		校园文化活动	(1) 幼儿园文化环境良好 (2) 各类校园文化活动的开展有计划,参与面广,成效显著	(1) 幼儿园文化环境得到改善 (2) 各类校园文化活动的开展有计划,参与面较广		
	B9 幼儿园与社区	社区家庭	(1) 充分发挥社区、家庭参与幼儿园管理、监督与评价的作用,有目标、有计划、有措施 (2) 充分发挥社区、家庭的作用,实现资源共享 (3) 重视家园共育,有针对性地指导家长科学育儿,并能针对幼儿实际与家长共同制订、实施个别化的教育方案,或与家长共同建立幼儿成长档案 (4) 与幼儿家长间交流与沟通的渠道丰富、通畅,能满足不同家长的需求,交流沟通能满足保教工作需求	(1) 有社区、家庭参与幼儿园管理、监督与评价的计划,并根据计划予以实施 (2) 发挥社区、家庭的作用,实现资源共享 (3) 重视家园共育,有针对性地指导家长科学育儿,并能实施个别化教育 (4) 定期向家长与社区开放活动,鼓励家长与社区通过多种途径积极参与各类活动	[参阅]相关的家园合作计划、规章制度、活动记录等档案 [访谈]就家园关系、社园关系、对幼儿园的满意率等情况,对幼儿园相关负责人、家长和社区进行访谈 [问卷]见教师问卷、家长问卷	

续表

一级指标	二级指标	评估要点	优良	合格	信息采集	等第
A2托管幼儿园	B10满意度	家长满意度	(1) 家长对托管以来幼儿园办学质量提高情况的满意率高 (2) 家长对教师师德和工作态度的满意率高 (3) 家长对托管以来子女进步情况的满意率高	(1) 家长对托管以来幼儿园办学质量提高情况的满意率较高 (2) 家长对教师师德和工作态度的满意率较高 (3) 家长对托管以来子女进步情况的满意率较高	[访谈]对家长和教工进行访谈 [问卷]见教师问卷、家长问卷	
		教工满意度	(1) 教工对托管以来幼儿园办学质量提高情况的满意率高 (2) 教工对托管工作的满意率高	(1) 教工对托管以来幼儿园办学质量提高情况的满意率较高 (2) 教工对托管工作的满意率较高		
	B11幼儿园可持续发展	规划的制定与实施	(1) 幼儿园发展规划制定以自主、可持续发展为目的,重视幼儿园内外部各种因素对幼儿园发展影响的分析,对幼儿园发展有系统的思考 (2) 幼儿园发展规划主题鲜明。办学理念清晰,办学目标、培养目标适切,体现教育方针和时代精神,符合幼儿园实际与素质教育要求。重点发展项目能有效促进幼儿园整体发展 (3) 教职工与家长共同参与幼儿园发展规划制定,办学理念与办学目标得到广泛认同,并经教代会审议通过	(1) 幼儿园发展规划制定以自主、可持续发展为目的,重视幼儿园内外部各种因素对幼儿园发展影响的分析,对幼儿园发展有较系统的思考 (2) 幼儿园发展规划主题鲜明。办学理念清晰,办学目标、培养目标基本适切,体现教育方针和时代精神,符合幼儿园实际与素质教育要求。重点发展项目能促进幼儿园发展 (3) 教职工与家长共同参与幼儿园发展规划制定,办学理念与办学目标,得到	[参阅]规划、教代会记录 [访谈]对管理中心和幼儿园相关负责人、教工、家长等进行访谈 [问卷]见教师问卷、家长问卷	

续表

一级指标	二级指标	评估要点	优良	合格	信息采集	等第
A2 托管幼儿园	B11 幼儿园可持续发展	规划的制定与实施	(4) 幼儿园发展规划有分阶段和分年度目标，操作性强，能充分发挥办学理念与办学目标在幼儿园发展中的引领与凝聚作用	基本认同，并经教代会审议通过 (4) 幼儿园发展规划有分阶段和分年度目标，操作性强，能发挥办学理念与办学目标在幼儿园发展中的引领作用		
		评价机制	(1) 建立幼儿园办学情况评价制度，幼儿园评价实现常态化 (2) 坚持幼儿园自评与部门、教师自评有机结合，幼儿园、社区、家长评价相结合，评价能紧扣规划或计划中的各项目标 (3) 评价结果客观、真实、准确，能在幼儿园发展中起到导向、诊断、改进与激励功能，推进办学质量持续提高	(1) 建立幼儿园办学情况评价制度，定期对幼儿园发展情况进行检测 (2) 幼儿园评价工作围绕规划或计划中的各项目标 (3) 评价结果客观、真实、准确，能在幼儿园发展中起到导向、诊断、改进与激励功能，推进办学质量不断提高	［参阅］相关评价、托管工作自评、活动记录等档案 ［访谈］对管理中心和幼儿园相关负责人、教工、家长等进行访谈 ［问卷］见教师问卷、家长问卷	
		发展态势	(1) 幼儿园在管理、师资、课程、文化等方面的内涵提升迅速，后继独立发展的能力较强 (2) 明确幼儿园在可持续发展方面所取得的主要成就和存在的关键问题，并有切实、有效的对策 (3) 保障和促进幼儿园可持续发展的机制健全，后继发展能力较强	(1) 幼儿园在管理、师资、课程、文化等方面的内涵得到提升，有一定的独立发展的能力 (2) 对幼儿园在可持续发展方面所取得的主要成就和存在的关键问题有初步认识，也有相应的对策 (3) 初步建立保障和促进幼儿园可持续发展的机制，有一定的独立发展的能力	［参阅］相关课程、师资等方面的档案 ［访谈］对管理中心和幼儿园相关负责人、教工代表等进行访谈	

上海浦东新区委托管理幼儿园终期评估教师调查问卷

老师：

您好！您所在的幼儿园参加了委托管理项目，为真实了解托管工作和幼儿园的变化，请根据自己的想法和感受，选择最符合的选项，并将相应的字母填写在括号内。本问卷为无记名调查，谢谢您的支持与配合！

您任教的幼儿园是_____

1. 您认为托管以来，管理中心是否切实承担起了对幼儿园的办学责任？（　　）

  A. 是　　　　B. 否　　　　C. 讲不清

2. 您认为管理中心派出的管理者是否具备足够的经验和能力胜任管理工作？（　　）

  A. 是　　　　B. 否　　　　C. 讲不清

3. 您认为管理中心派出的教师团队是否具备足够的经验和能力胜任托管工作？（　　）

  A. 是　　　　B. 否　　　　C. 讲不清

4. 您认为管理中心制定的托管目标是否适合幼儿园的实际情况？（　　）

  A. 是　　　　B. 否　　　　C. 讲不清　　　　D. 不了解

5. 您认为管理中心制定的托管目标的达成度如何?(   )

   A. 托管目标达成度高   B. 基本达成托管目标

   C. 未达成托管目标   D. 讲不清

6. 您认为目前幼儿园的发展规划(   )

   A. 符合幼儿园实际,和托管方案密切吻合,具有较强和科学性和可操作性,执行有力,成效明显

   B. 符合幼儿园实际,和托管方案基本吻合,执行较有力,有成效

   C. 和托管方案基本脱节,未能在幼儿园发展中起到引领作用

   D. 不了解或讲不清

7. 托管工作开展以来,幼儿园领导班子的分工协作情况是(   )

   A. 分工清晰、合理,且能有效地协作

   B. 分工合作比较合理、有效

   C. 分工的合理性和协作的有效性一般

   D. 分工不明,权责不清

8. 托管以来,幼儿园在管理方面主要取得了哪些成绩?(可多选)(   )

   A. 制定、完善了规章制度和各类工作计划,教工知晓度高

   B. 规章制度执行有力度、有监督

   C. 幼儿园管理队伍能力得到培养

   D. 管理效能得到提升

   E. 幼儿园管理更趋民主

   F. 依法治园的理念进一步加强

   G. 其他(请注明)_____

9. 您对幼儿园领导班子的民主作风、干群关系的评价是（　　）

　　A. 作风民主,干群关系很好

　　B. 作风比较民主,干群关系一般

　　C. 作风不够民主,干群关系紧张

　　D. 不清楚,无法评价

10. 幼儿园一日活动安排是否合理？（　　）

　　A. 是　　　　B. 否　　　　C. 讲不清

11. 托管以来,幼儿园抓保教研究工作的情况（　　）

　　A. 很重视,有制度、有专题,对教师帮助大

　　B. 较重视,有一些制度和专题,对教师专业发展有一定帮助

　　C. 停留在"传达会议精神、布置交流工作"层面,尚未形成研究氛围

　　D. 不重视,活动随意,时间不保证

12. 托管以来,幼儿园在保教质量监控方面（　　）

　　A. 形成了系统的保教质量分析机制,能对保教质量进行有效监控

　　B. 有保教质量分析和监控方面的措施,但尚未形成机制

　　C. 基本没有保教质量分析和监控措施

　　D. 和托管前没有区别

13. 您对幼儿园落实二期课改方案以及课程管理方面的评价是（　　）

　　A. 能认真落实,管理规范

　　B. 比较认真,管理也比较规范

C. 基本上能落实,管理规范一般

D. 未落实,操作的随意性较大

14. 托管工作开展以来,您所在的幼儿园保教质量总体情况(　　)

　　A. 明显提升　　　　　　B. 有所提升

　　C. 和以前差不多　　　　D. 讲不清

15. 您认为,托管以来,幼儿园在师资队伍建设方面(　　)

　　A. 制订了系统的师资队伍建设计划,措施有力,效果明显

　　B. 制订了师资队伍计划,措施具有可操作性,取得初步成效

　　C. 制订了师资队伍建设计划,但存在措施不当、执行不力等问题,成效不明显

　　D. 师资队伍建设较为随意,缺乏系统性

　　E. 和托管前没有区别

16. 您对教师职业的满意度(　　)

　　A. 很满意　　　　　　　B. 比较满意

　　C. 不太满意　　　　　　D. 不满意

17. 托管工作开展以来,幼儿园抓园本研训的情况是(　　)

　　A. 领导重视,建立了系统的园本研训制度,教师参与面广,成效明显

　　B. 初步建立起园本研训制度,教师参与面较广,取得初步成效

　　C. 园本研训较为随意、成效不明显

　　D. 基本上是流于形式

18. 和托管前相比,幼儿学习、生活习惯培养方面(　　)

　　A. 显著改观　　B. 有所改观　　C. 没有变化

19. 委托管理以来,幼儿园的园风从整体上来说( )

　　A. 显著改观　　B. 较大改观　　C. 有所改观　　D. 没有变化

　　E. 讲不清

20. 委托管理以来,幼儿园在校园文化活动开展方面的情况是( )

　　A. 校园活动形成系列,内容丰富多彩,教工参与面广、反响好

　　B. 组织了一些校园活动,教工反响一般

　　C. 和托管前基本相同

　　D. 开展得太少

21. 托管过程中,您认为幼儿园与社区、家庭的沟通及资源共享方面( )

　　A. 很好　　　　B. 比较好　　　C. 一般　　　　D. 不理想

22. 您认为在三年托管过程中,幼儿园的社会声誉( )

　　A. 显著提高　　B. 较大提高　　C. 有所提高　　D. 没有变化

　　E. 声誉下滑

23. 在托管过程中,幼儿园和管理中心的关系是( )

　　A. 非常融洽　　B. 较为融洽　　C. 不太融洽　　D. 不融洽

　　E. 讲不清

24. 您认为委托管理这一举措是否能帮助幼儿园提升整体办学水平?( )

　　A. 能　　　　　B. 不能　　　　C. 说不清

25. 您认为托管后幼儿园办学的整体水平( )

　　A. 显著提高　　B. 较大提高　　C. 有所提高　　D. 没有变化

E. 有所下降

26. 您对管理中心的托管工作的总体评价是(　　)

　　A. 很满意　　B. 比较满意　　C. 不太满意　　D. 不满意

27. 您认为在三年委托管理过程中,幼儿园发展取得的最大成效是什么?

28. 您认为制约幼儿园托管工作的瓶颈是什么?

29. 请您对幼儿园结束委托管理后的工作提出宝贵建议。

上海浦东新区委托管理幼儿园终期评估家长调查问卷

尊敬的家长:您好!

您的孩子就读的幼儿园目前正在实施"委托管理",为了了解托管工作的开展情况及对您孩子的影响,特制定本问卷。本问卷为无记名调查,调查问卷结果将直接反馈至专家组。您所提供的信息和意见将作为教育主管部门有关决策的参考依据。对有关问题,请您根据自己的想法和感受,选择最符合的选项。非常感谢您的协助与合作!

您的孩子在＿＿＿＿＿＿幼儿园就读,现在是＿＿＿＿班级

1. 托管以来,幼儿园的主要变化表现为(可多选)(　　)

　　A. 环境、设施改善了　　　　B. 教师水平提高了

　　C. 幼儿园(班级)活动丰富了　D. 周边社区声誉提高了

　　E. 园风改善了　　　　　　　F. 没有变化

　　G. 其他(请注明)＿＿＿＿＿

2. 托管以来,教工的变化表现为(可多选)(　　)

　　A. 保教水平提高了　　　　　B. 更加认真负责了

　　C. 对孩子更加关心了　　　　D. 进行个别教育了

　　E. 对孩子要求严格了　　　　F. 没有变化

　　G. 其他(请注明)＿＿＿＿＿

3. 托管以来，孩子的变化表现为(可多选)(　　)

A. 喜欢幼儿园了　　　　　B. 喜欢老师了

C. 喜欢上幼儿园了　　　　D. 学习习惯有进步

E. 行为规范有进步　　　　F. 没有变化

G. 其他(请注明)_____

4. 您认为幼儿园管理中当前存在的突出问题是(可多选)(　　)

A. 管理混乱　　　　　　　B. 管理人员水平不高

C. 办学不规范　　　　　　D. 未能充分发挥家长作用

E. 不清楚　　　　　　　　F. 其他(请注明)_____

5. 您认为幼儿园教师中当前存在的主要问题是(可多选)(　　)

A. 教育观念落后　　　　　B. 保教能力不高

C. 缺乏爱心　　　　　　　D. 责任心不强

E. 其他(请注明)_____

6. 您对幼儿园与家长联系、沟通的方式(　　)

A. 满意　　　　　　　　　B. 比较满意

C. 不太满意　　　　　　　D. 不满意

7. 您对幼儿园对家庭教育的指导(　　)

A. 满意　　　　　　　　　B. 比较满意

C. 不太满意　　　　　　　D. 不满意

8. 您对托管以来幼儿园办学质量的提升情况(　　)

A. 满意　　B. 比较满意　　C. 不太满意　　D. 不满意

9. 您对托管以来教师的师德和工作态度(　　)

A. 满意　　B. 比较满意　　C. 不太满意　　D. 不满意

10. 您对托管以来子女的进步情况（　　）

   A. 满意　　　B. 比较满意　　C. 不太满意　　D. 不满意

11. 您觉得托管后幼儿园的变化情况（　　）

   A. 明显好转　　　　　　　B. 稍有好转

   C. 没有变化　　　　　　　D. 比以前更差

12. 您觉得托管以来幼儿园的园风、园貌变化情况（　　）

   A. 明显好转　　B. 稍有好转　　C. 没有变化　　D. 讲不清楚

13. 幼儿园是否经常与社区联合开展各类实践和服务活动？（　　）

   A. 经常　　　B. 有时　　　C. 极少　　　D. 从不

   E. 不清楚

14. 您觉得托管以来孩子行为规范的变化情况（　　）

   A. 显好转　　B. 稍有好转　　C. 没有变化　　D. 讲不清楚

15. 您对幼儿园和老师有什么建议？

附录二 上海浦东新区民办幼儿园"地段生"政策执行情况的评估指标、访谈提纲及问卷

上海浦东新区民办幼儿园"地段生"政策执行情况的评估指标

一级指标	二级指标	序号	评估要点	观察要素	评分			备注
					指标分	自评分	评估分	
依法管理（44分）	行政管理（32分）	1	园长办园观念正确，每年工作计划中能反映出执行"地段生"政策及"地段生"招生计划	（1）是否到地段内贴招生宣传单（2）是否组织地段内的亲子活动（3）对"地段生"报名的持续时间	3分			
		★2	幼儿园严格执行招收对口"地段生"范围内各类适龄幼儿	从儿保、户籍两方面提供"地段生"人数作为查实依据	5分			
		★3	执行幼儿园招收的"地段生"在就读期间与其他就读幼儿享受同等待遇的政策	（1）"地段生"编班（2）师资配备状况（3）课程及教学计划安排表	6分			
		4	不得以培养幼儿某种专项技能为由另外收取费用，不统一组织或要求幼儿家长购买各类未经上级审定或认可的学习资料	问卷和访谈	3分			
		5	有切实可行的幼儿园发展规划，体现教育公平性，并有相应的配套措施	查看相关资料	3分			

续表

一级指标	二级指标	序号	评估要点	观察要素	评分			备注
					指标分	自评分	评估分	
依法管理（44分）	行政管理（32分）	6	建立各项规章制度和岗位职责，并定期进行检查与考核，其结果与奖惩挂钩	对于幼儿发展评价的内容是否全覆盖到每一个幼儿	3分			
		★7	每年是否按"地段生"政策要求进行招生，规模、班额是否执行纲要标准，招生简章和广告上是否体现"地段生"政策	所有资料有涉及"地段生"政策和收费的描述	5分			
		8	有"地段生"招生工作方案并落实	查看相关资料	4分			
	招生工作（12分）	9	优先招收按照"园舍使用合同"中约定的招生区域内的适龄地段儿童	学位给出的先后：先满足"地段生"，再满足非"地段生"	4分			
		10	招收"地段生"过程中是否严格按照当期"地段生"标准执行	当期的"地段生"政策作为参考依据	5分			
		11	有针对"地段生"的统计制度，纳入招生管理工作中	查看相关资料	3分			
财物管理（34分）	财务管理（28分）	★12	政府下拨的"地段生"经费做到专款专用	(1)科目独立核算 (2)经费使用是否和科目对应	5分			
		13	财务室收费标准公示	查看相关资料	3分			
		14	政府补贴及幼儿园使用情况是否在家委会工作会上做汇报	家委会会议记录及家委会委员签字	4分			

续表

一级指标	二级指标	序号	评估要点	观察要素	评分 指标分	评分 自评分	评分 评估分	备注
财物管理(34分)	财务管理(28分)	15	建立"地段生"经费使用预决算制度	查看相关资料	3分			
		16	"地段生"托班、小班、中班、大班收费按照规定备案	收费备案表	3分			
		★17	民办幼儿园能严格按照规定对各类适龄儿童收取管理费,无超标准收费及乱收费现象	查看托班、小班、中班、大班各档收费情况,以及访谈、问卷进行核对查实	5分			
		18	收费做到当月费用当月收取,汇总表清晰明确	查看相关资料	2分			
		19	按标准收费,出具上海市幼托教育统一发票法定票据	查看相关资料	3分			
	校产管理(6分)	20	生均补贴费用于添置固定资产的项目	用补贴费添置的固定资产汇总表	3分			
		21	生均补贴费用于一般易耗品的项目	用补贴费添置的一般易耗品汇总表	3分			
保教管理(16分)	课程设置(4分)	22	课程设置中的特色课程是否覆盖全体幼儿	每个班级周计划及教学计划、教学内容安排表(包括园长、保教随堂听课等)	4分			
	保教服务(12分)	23	各级教师的配备在各个班级中是否均衡	每个年龄段教师(带职称)安排	3分			
		24	对课程的执行是否全覆盖全体幼儿	每个班级周计划及教学计划、教学内容安排表(包括园长、保教随堂听课等)	3分			

续表

一级指标	二级指标	序号	评估要点	观察要素	评分			备注
					指标分	自评分	评估分	
保教管理（16分）	保教服务（12分）	25	提供保育服务的内容是否统一	查阅资料	3分			
		26	对幼儿发展评价的内容无差异	抽查幼儿成长记录	3分			
办园效益（6分）	家园社区（6分）	27	社区对对口幼儿园保教服务的评价	问卷、座谈会	3分			
		28	建立家委会，"地段生"家长在家委会中占一定比例，定期开展活动，积极争取家长参与幼儿园工作的监督与管理	查阅资料	3分			

说明：

1. 本指标总分为100分。其中打★的，有其中任何一项不合格，评估结果直接确定为"不合格"。

2. 等第划分：85分及以上为"优良"；72～84分为"合格"；60～71分为"基本合格"；60分以下为"整改单位"。等第划分根据试评估情况做相应调整。

"上海浦东新区民办幼儿园'地段生'政策执行情况"社区访谈提纲

1. 您认为近年来幼儿园总体办学情况如何?

2. 您是否看到幼儿园公示的"地段生"招生范围和收费标准?幼儿园能否能满足社区适龄"地段生"入园?你看到过"地段生"不能入园的情况吗?

3. 您知道在幼儿园就读的"地段生"每月保教费是多少吗?除保教费外,幼儿园是否还向"地段生"收取其他费用?请具体说明收费内容和数额。

4. 您认为在幼儿园就读的"地段生"与非"地段生"能否享受同等待遇?请具体说明。

5. 请谈谈您对民办幼儿园招收"地段生"并让"地段生"享受公办幼儿园收费标准的看法。

上海浦东新区民办幼儿园"地段生"政策执行情况教师问卷

尊敬的老师：

我们正在对您所在的幼儿园就"'地段生'政策执行情况"进行调查，请您如实回答以下问题。感谢您的支持和配合！

您任教的幼儿园是_____，班级是_____。

1. 您对"地段生"和非"地段生"的概念是否清楚？（   ）

    A. 清楚　　　B. 较清楚　　　C. 不清楚

2. 您认为教育的公平性在幼儿园中体现为哪几点？（   ）

    A. 课程　　　B. 师资　　　C. 收费　　　D. 教师态度

    E. 服务内容　　F. 其他_____

3. 幼儿园园务公开报告中是否有对"地段生"经费使用情况的显示？（   ）

    A. 显示　　　B. 未见显示　　　C. 不清楚

4. 幼儿园是否严格执行"地段生"政策，并向所在社区公示"地段生"招收范围和收费标准？（   ）

    A. 公示　　　B. 未见公示　　　C. 不清楚

5. 园内（班内）"地段生"和非"地段生"是否享受同等待遇？（   ）

    A. 是　　　B. 否　　　C. 不清楚

6. 您对幼儿园"地段生"政策执行情况表示（   ）

    A. 满意　　　B. 较满意　　　C. 一般　　　D. 不满意

7. 下面哪项费用是本园"地段生"收费标准？（　　）

　　A. 2 000 元　　　B. 200 元　　　C. 225 元

8. 您参与幼儿园"地段生"统计工作吗？（　　）

　　A. 是　　　　　B. 否　　　　　C. 不清楚

9. 幼儿园的课程设置和教学计划安排是否覆盖全体幼儿？（　　）

　　A. 是　　　　　B. 否　　　　　C. 不清楚

10. 本园的特色课程是否覆盖全体幼儿？（　　）

　　A. 是　　　　　B. 否　　　　　C. 不清楚

11. 您对本园领导班子的民主作风、民主管理以及园务公开表示（　　）

　　A. 满意　　　B. 较满意　　　C. 一般　　　D. 不满意

12. 您对本园各部门的管理、协作以及管理团队的执行力和管理效能表示（　　）

　　A. 满意　　　B. 较满意　　　C. 一般　　　D. 不满意

13. 您对本园近三年来的发展与进步表示（　　）

　　A. 满意　　　B. 较满意　　　C. 一般　　　D. 不满意

上海浦东新区民办幼儿园"地段生"政策执行情况家长问卷

尊敬的幼儿家长：

我们正在对您孩子所在的幼儿园就"'地段生'政策执行情况"进行调查，请您如实回答以下问题。感谢您的支持和配合！

您的孩子在＿＿＿＿幼儿园就读，现在是＿＿＿＿班级。

1. 您是享受"地段生"政策的孩子家长吗？（　　）

    A. 是　　　　B. 否

（若选择"否"，可免做此问卷）

2. 幼儿园是否公示了对口地段的招生范围？（　　）

    A. 是　　　　B. 否

3. 幼儿园是否公示了"地段生"的收费标准？（　　）

    A. 是　　　　B. 否

4. 幼儿园收费后是否出具上海市幼托教育统一发票的票据？（　　）

    A. 是　　　　B. 否

5. "地段生"在就读期间与非"地段生"能否享受同等待遇的保教服务？（　　）

    A. 能　　　　B. 否

6. 您知道幼儿园的特色课程吗？（　　）

    A. 知道　　　B. 不知道

7. 您的孩子参加幼儿园的特色课程或兴趣班吗？（　　）

   A. 参加　　　B. 不参加

8. 幼儿园是否向您的孩子收取特色课程费或兴趣班费？（　　）

   A. 是　　　　B. 否

9. 您对幼儿园的办学质量是否满意？（　　）

   A. 满意　　　B. 较满意　　　C. 一般　　　D. 不满意

10. 您对幼儿园教师的师德师风和工作态度是否满意？（　　）

   A. 满意　　　B. 较满意　　　C. 一般　　　D. 不满意

11. 您对幼儿园组织家长进行家庭教育指导工作表示（　　）

   A. 满意　　　B. 较满意　　　C. 一般　　　D. 不满意

12. 您对幼儿园收费情况是否满意？（　　）

   A. 满意　　　B. 较满意　　　C. 一般　　　D. 不满意

不满意的主要原因是：_____。

13. 您的孩子对幼儿园的生活（　　）

   A. 喜欢　　　B. 较喜欢　　　C. 一般　　　D. 不喜欢

14. 您认为孩子入园后的进步（　　）

   A. 很大　　　B. 较大　　　C. 一般　　　D. 没有进步

后 记

仅仅一个冲动，我报考了华中科技大学的教育硕士，经过全国统考被正式录取。原想着在职学习应该是轻松愉快的，没料到一个又一个休假日上课，一次接一次开卷、闭卷考试，真是节奏飞快、压力山大、苦不堪言。最后的毕业论文更是折磨人，先是选题，挖空心思绞尽脑汁想了许久，好不容易选好题目，列出提纲，不幸又被导师全盘否定。没办法，只好找资料、整思路，从头再来过。

在动笔写论文前，我曾给自己立过规矩：一定要写与工作有关的内容。之所以这样定位，是觉得既然辛辛苦苦写论文，就应该尽可能地提高效率，让学业和工作双得益；但更多的是巴望写自己熟悉的事情会简单些、方便些。未曾想，还是遇到了很多困难，以至于不得不翻阅大量资料，求教各路专家，以获得支持和帮助。

衷心感谢我的导师柯佑祥教授。柯老师多年从事教育经济与管理领域的研究，著有《适度盈利与民办高等教育的发展》等。他广博的学识、开阔的视野、敏锐的洞察力深深地震撼了我。在我写作过程中，柯老师给了我极大的帮助。

感谢我的上司赵连根总督学。尽管赵老师多次主动提出帮我看看论文,但因为怕被他"枪毙",我总是找借口推脱了。但事实上,由于长期跟随赵老师工作,他的思维方式已经潜移默化地影响了我,也影响了我的论文写作。

非常幸运,我出生在中国改革开放的前沿阵地——上海浦东新区,更为有幸的是,我还能够在浦东新区教育局工作。由于工作的原因,我有机会跟随尹后庆等改革创新者们亲身经历了政府购买学前教育服务政策的制定与实施,这使我在撰写论文时可以呈现出第一手资料,也使我的论文更为真实、可信。

感谢王化敏老师和何幼华老师,由于她们的推荐,我得以加入"普惠性民办幼儿园政策研究"课题组,在历时两年多的研究过程中,与华师大、南师大、北师大、西北师大、北大的教授们以及来自全国各地的研究人员、行政管理人员一起交流切磋。在这个过程中,我学到了许多知识经验,分享到许多信息数据,并开始学习以开阔的视野和专业的眼光去捕捉和审视学前教育的各种动态。

当论文临近收尾时,我曾颇为自得地向老父亲炫耀:"老爸,你知道我写了多少字?"爸爸一边洗碗一边不经意地说:"懒婆娘的裹脚布又臭又长,有什么用?"做了一辈子教师的爸爸妈妈,总会在关键时刻揪住女儿的小尾巴,不让它翘起来。尽管我常埋怨爸爸妈妈扼杀了我的创新能力,但我不得不感谢爸爸妈妈培养了我认真、细致、精益求精的学习、工作态度。

撰写论文期间,"八小时"之外的时间除了上课我几乎都面对着电脑苦思冥想,于是,亲爱的老公成了受苦的"羔羊"。记得刚结婚时,婆婆颇为自豪地告诉我,她的宝贝儿子会烧番茄蛋汤,差点儿把我雷昏,直后悔一时大意找了一个衣来伸手、饭来张口的少爷。但现在,这个三代单传的独苗,主动承担起烧饭烧菜的家务活。一天,我意外发现他在厨房间如庖丁解牛般切割一条羊腿,忍不住惊呼:"老公,我这辈子绝不和你离婚!把自己的老公培养好再送给其他女人,这种亏本生意打死我也不做!"

儿子是妈妈的最爱。三年高中,儿子一直住宿在学校。2013年暑假,儿子高中毕业,一家人终于可以安安静静、快快乐乐地生活在一起。暑假一结束,儿子就要远赴加拿大求学。但就是这个暑假,我必须背井离乡到武汉华中科技大学上课。从武汉回来,我又远赴美国 High Scope 研究机构参加培训。等我从美国回来,已经到儿子该启程的日子了。对此,我十分愧疚,儿子反而安慰我说:"妈妈,没事的。"

我由衷地感谢所有人,我的师长,我的好友,我的挚亲挚爱!

当三年后再度审视当初的论文时,我已经离开浦东新区教育局回到幼儿园工作了,一切恍若隔世。只是,因为参加了由教育部基础教育二司委托中国学前教育研究会管理专业委员会开展的"国家学前教育实验区"的调研工作,看到各实验区为扩大普惠性学前教育资源而出台的种种政府购买学前教育服务政策,当初的激情又一次澎湃。纵观各地政府购买学前教育服务政策,其初衷大多出于解决当地普惠性学前教育资源不足的难题。在政策内容设计上,各地做法不尽相同,有向民办幼儿园购买学位的,有向民办幼儿园拨付生均公用经费的,有给民办幼儿园教师贴补工资的,有直接给适龄儿童补贴保教费的……尽管做法不一,但目的多为降低民办幼儿园保教费标准,提供更多的普惠性学前教育资源让适龄儿童"能上学""上好学"。在访谈过程中,不少行政管理人员反映民办幼儿园的价格越来越难控制,大有按下葫芦浮起瓢的趋势;而不少普惠性民办幼儿园也在抱怨政府出价太低,收不抵支,入不敷出。同一件事情的相关双方,为什么说法大相径庭?如何科学地进行成本核价?如何建立合理的成本分摊机制?如何对民办幼儿园开展有效的管理?……这些问题一直是困扰政府购买学前教育服务政策有效实施的瓶颈。于是,我又一次把当初的论文翻出来,结合这几年的调查与反思,进行修改完善。

衷心感谢南京师范大学出版社给我提供了平台,使我在浦东新区教育局十年工作的想法、做法、体会以及我离开教育行政管理岗位、再一次承担被行政管理角色后反观政府购买学前教育服务政策的思考得以和大家见面,也希望能够得到大家的批评和指导。